EUGÈNE MÉDINA

LE
BAISER
D'YVONNE

VAUDEVILLE EN 3 ACTES, MÊLÉ DE CHANT

Musique de M. Eugène DOMERGUE

PARIS
IMPRIMERIE CH. SOMMER
71, Passage Brady, 71
M D CCC LXXXVIII

Droits de traduction, reproduction et d'analyse réservés

EUGÈNE MÉDINA

LE
BAISER
D'YVONNE

VAUDEVILLE EN 3 ACTES, MÊLÉ DE CHANT.

Représenté pour la première fois à Paris, sur le théatre Déjazet,
le 7 Juin 1888.

PARIS

IMPRIMERIE CH. SOMMER

71, Passage Brady, 71

M D CCC LXXXVIII

EUGÈNE MÉDINA

LE BAISER D'YVONNE

VAUDEVILLE EN 3 ACTES, MÊLÉ DE CHANT

PERSONNAGES :

Isidore	MM. H. CHARPENTIER.
Mauginard	MONVAL.
Fauvardier	LIVRY.
Le Commissaire	GUIMIER.
Taupinois	ROQUE.
Canardin	V. KARL.
Octave	DERVET.
Grinchonot	PAULET.
Joseph	LECLERC.
Yvonne	Mmes ROSINA RAGANI.
Virginie	SIMIANE.
Hélène	BURTY.
Elvire	DEVILLIERS.
Marion	F. HÉMA.
Céleste	H. NEVERS.
Angélique	RAYÉNA.
Paola	SOLANGE.
Mercédès	HAURIE.
Amandine	PETIT.
Rose	VERLET.

NOTA. — Les indications sont prises de la gauche du Spectateur. Pour la mise en scène détaillée et pour les brochures, s'adresser à M. H. CHARPENTIER, au théâtre du Palais-Royal.

Julaim — 20 faub. St-Denis

LE BAISER D'YVONNE

ACTE PREMIER

La scène à Croissy, chez Mauginard. — Le théâtre représente un jardin. — A droite un pavillon surélevé de trois marches. — A gauche, deuxième plan, un guéridon et des chaises de jardin. — A droite, premier plan, un banc que Grinchonot, une brosse à la main, est en train de peindre. — Ça et là des sièges de jardin peints en vert.

SCÈNE PREMIÈRE

*GRINCHONOT puis MARION.

GRINCHONOT, seul, contemplant son ouvrage.

Là ! j'espère que c'est beau ! (gagnant le premier plan gauche et regardant les chaises.) Ça vous a tout de même un autre air. (A Marion, qui entre de gauche, portant avec précaution une robe enveloppée et qui passe tout près du banc.) Prenez donc garde !

MARION, s'arrêtant court.

A Quoi ?

GRINCHONOT

A quoi ? C'te question ! au vert parbleu ! Au vert neuf que j' viens de mettre par dessus l'vieux vert.

MARION, se rapprochant de l'escalier.

En voila une idée ! C'est M. Mauginard qui a commandé cela ?

---

* G. M.

GRINCHONOT.

Non.

MARION.

Alors, c'est vous qui avez imaginé...?

GRINCHONOT.

Moi tout seul.

MARION.

Eh bien ! vous n'allez pas vous faire attraper !

GRINCHONOT, qui se redresse.

Parce que, s'il vous plait ?

MARION.

C'est un jour comme celui-ci, le jour où Mademoiselle, se marie que vous choisissez pour repeindre les sièges du jardin ?

GRINCHONOT.

Sans doute.

MARION.

Mais nous allons avoir du monde, beaucoup de monde !

GRINCHONOT.

C'est ben pour ça. (désignant le pavillon.) Là dedans vous avez tout frotté, astiqué, requinqué... J'veux pas que le jardin soye en reste, moi !

MARION, qui monte les marches.

Ça fait que si quelqu'un s'assied.....

GRINCHONOT.

Oh ! mais j' vais mettre un écriteau !

MARION, entrant dans le pavillon et riant

Vous ferez bien. Non, vrai, vous ferez bien ! (elle disparait.

SCÈNE DEUXIÈME

*GRINCHONOT puis FAUVARDIER

GRINCHONOT, seul, haussant les épaules.

C'est la jalouseté qui lui fait dire ça! (allant ramasser son pot à couleur.) J'sais ben c' que j'ai à faire (un temps.) Quand m'sieu Mauginard m'a pris à son service: " Grinchonot, qui m'a dit, vous serez l' maître dans l' jardin." — L' maître? y a pas au dessus du maître! (remontant) y a au dessous; mais y a pas au dessus!

FAUVARDIER, entrant de gauche.

Est-ce que Mauginard est chez lui?

GRINCHONOT.

M'sieu Mauginard! (Désignant Mauginard, qui paraît sur le perron) T'nez! le v'là.

FAUVARDIER, allant à Mauginard.

Ah!

MAUGINARD, descendant.

Toi!

GRINCHONOT, à part, sortant.

J' vas faire faire mon écriteau.

SCÈNE TROISIÈME

(*) MAUGINARD, FAUVARDIER

MAUGINARD, en manches de chemises, gilet blanc, pantalon noir.
Une cravate blanche à la main.

Tu n'as pas rencontré Célestin?

FAUVARDIER.

Non, j'ai vu seulement ton jardinier.

---

* F. G.; (*) F. M.

MAUGINARD.

Qu'est-ce que tu veux que je fasse de mon jardinier? Ce n'est pas mon jardinier qui saura me mettre ma cravate (au fond appelant.) Célestin! Célestin!

FAUVARDIER, qui se bouche les oreilles.

Là! Là! on va croire qu'il y a le feu à la maison!

MAUGINARD.

Je t'admire! Tu es tout équipé toi! tandis que moi... Regarde un peu. Si mes invités arrivaient.

FAUVARDIER.

Tu ne peux pas t'adresser à Marion?

MAUGINARD

Marion a bien assez à faire avec Yvonne. (Appelant plus fort que précédemment) Célestin!... Célestin Cé...

FAUVARDIER, vivement.

Non! Non! je t'en prie!... je vais remplacer Célestin. Viens.

MAUGINARD, venant à Fauvardier et lui donnant sa cravate.

Il fallait le dire tout de suite.

FAUVARDIER, qui met la cravate à Mauginard.

Je suis déjà très énervé.

MAUGINARD, le cou tendu.

Oui. Ça t'embête ce mariage?

FAUVARDIER.

Certainement. Et puis tu as une voix si désagréable....

MAUGINARD.

Oh!

SCÈNE TROISIÈME

FAUVARDIER.

Si fait! Si fait! Même quand tu parles. A plus forte raison quand tu cries.

MAUGINARD.

Tu n'es pas aimable.

FAUVARDIER, qui termine le nœud de cravate.

Plains toi: j'appelle crier ce que tu faisais tout à l'heure.

MAUGINARD, qui tâte sa cravate.

Merci! (Vivement.) Pas pour ce que tu viens de me dire!...

FAUVARDIER.

Oh! moi, tu sais, je suis carré.

MAUGINARD.

J'appelle ça être pointu.

FAUVARDIER.

Appelle ça comme il te plaira de l'appeler.

MAUGINARD, bon enfant.

Voyons, mon vieux Fauvardier, rentre ta mauvaise humeur. On ne dirait pas que nous sommes en train de resserrer l'amitié qui nous unit depuis vingt-cinq ans. Une amitié contractée dans la cotonnade. C'est solide, ça!...

FAUVARDIER.

La cotonnade?...

MAUGINARD.

Ne plaisante pas (Regardant sa montre.) Dans deux heures ton fils sera mon gendre et ma fille sera ta brue.

FAUVARDIER, haussant les épaules.

La Palisse!

MAUGINARD.

Enfin, c'est un fait.

FAUVARDIER.

Non accompli encore, Dieu merci !

MAUGINARD, riant.

Tu n'espères pas, je pense, au point où nous en sommes, empêcher les évènements de suivre leur cours naturel. Toutes les formalités sont remplies, les invitations lancées; le maire, le maire en personne, attend les futurs conjoints pour consacrer l'indissoluble union qu'exigent la morale et la société....

FAUVARDIER, haussant de nouveau les épaules.

Prud'homme maintenant! Joseph Prud'homme!

MAUGINARD.

Pourquoi ça?

FAUVARDIER, même jeu.

L'indissoluble union ! Tu retardes de dix ans mon ami. Indissoluble! Eh bien, et le divorce?

MAUGINARD

Je n'y pensais plus, Soit: Je retire indissoluble.

FAUVARDIER.

Tu peux retirer aussi la morale et la société pour le rôle qu'elles jouent dans le mariage.

MAUGINARD.

Mais il me semble...

FAUVARDIER.

Allons donc! C'est au nom de la société qui doit aide et protection aux faibles, que tu contrains ta fille à épouser mon fils qu'elle n'aime pas; mon fils qui la rendra effroyablement malheureuse, parce qu'il est

SCÈNE TROISIÈME

taillé pour le mariage comme toi pour la course et qu'elle trompera peut être un jour lasse de se voir trompée elle-même. D'où la morale!

MAUGINARD.

Fauvardier, tu n'es pas loyal! (sur un mouvement de Fauvardier.) Tu n'es pas loyal en la circonstance. Il y a un mois, alors que tout était réglé déjà — comme aujourd'hui — tu m'as demandé une trêve. Tu comptais amener ton fils à renoncer à la main d'Yvonne, ou Yvonne à s'insurger contre moi qui tenais absolument à la marier Je me suis montré bon enfant; je t'ai accordé la trêve. C'était de bonne guerre, du reste, puisque tu tenais à garder ton fils.....

FAUVARDIER.

Pendant que tu ne cherchais, toi, qu'à te débarrasser de ta fille.

MAUGINARD.

Me débarrasser? dis donc, dis donc! me débarrasser? Mais elle est charmante, mon Yvonne, elle a toutes les qualités. Toutes! depuis la beauté, jusqu'à la dot.

FAUVARDIER.

Avec cela qu'Isidore est laid.

MAUGINARD.

Je ne dis pas cela!

FAUVARDIER.

Et je crois que, sous le rapport de la fortune.

MAUGINARD.

D'accord. Tu vois bien qu'ils sont faits l'un pour l'autre.

FAUVARDIER, nerveux.

Je vois... je vois... je vois que tu m'agaces singulièrement.

MAUGINARD, riant.

Eh! je te cloue avec tes propres arguments, mon ami.

FAUVARDIER, même jeu, sous le nez de Mauginard.

Et tu ris? — Mais tu ne sens donc pas que je me fais violence pour ne pas te..? tiens! (il lui défait le nœud de sa cravate.)

MAUGINARD, piteux.

Oh! Fauvardier!

FAUVARDIER, qui lui tourne le dos.

C'est comme ça!

MAUGINARD, très doux.

Mon vieux Fauvardier?

FAUVARDIER.

Rien!

MAUGINARD, suppliant.

Refais-le, dis?

FAUVARDIER, qui tourne autour de la table suivi par Mauginard

Non! non! non!

MAUGINARD.

Je suis en retard! Fauvardier! tu m'entends? tu m'entends? je suis en retard !... nos invités vont venir... le garçon d'honneur... un jeune homme très bien... que je ne connais pas. Et puis sa tante... une femme très distinguée... très... je ne la connais pas non plus! (Vivement,) mais j'ai connu le père, le père du jeune homme. Un ancien fonctionnaire! — oui. — L'empire l'avait fait sénateur, la République l'a défait. — Refais-le dis? —

FAUVARDIER

Non, non, non! mille fois non?

MAUGINARD, changeant de ton.

Tu ne veux pas? eh! bien, tant mieux. Ça me permettra de te dire tout ce que j'ai sur le cœur. A savoir que j'ai percé à jour le mystère

---

[1] F. M.

SCÈNE TROISIÈME

de ta résistance au mariage de nos enfants.

FAUVARDIER.

Vraiment ?

MAUGINARD.

Oui, mon vieux, oui ! — Elevé dans le demi-gros, quand tu t'es marié, tu ne savais pas grand chose de la vie et rien, absolument rien de l'amour. (Vivement.) Oh ! ne proteste pas ! tu étais d'un naïf avec les femmes ! A tel point que je me suis souvent demandé comment cette chère Mme Fauvardier......

FAUVARDIER.

Mauginard !

MAUGINARD.

Oui, glissons. Marié, tu passes dans le gros, grâce à la dot de ta femme et vous voilà lancés tous les deux, elle armée d'une plume toi flanqué d'un mètre, à la poursuite de la fortune. Elle additionne, tu mesures; elle a des échappées d'effervence légitime, tu mesures encore; elle te demande un fils tu mesures toujours...

FAUVARDIER, plus fort.

Mauginard !

MAUGINARD.

Oh! tu le lui donnes ce fils, mais tu mesures! Enfin, cette pauvre Mme Fauvardier rend son âme à Dieu, et te voilà, à 50 ans, le cœur plein des ardeurs juvéniles, et, d'ailleurs, inassouvies d'antan, abandonné, sans boussole, orphelin presque. Ton fils, qui est de son temps et qui n'a pas croupi dans la cotonnade, prend pitié de toi et t'adopte et alors: en avant le plaisir, à nous les folies, les soupers fins, les petites femmes!... les petites femmes surtout!...

FAUVARDIER, crescendo.

Mauginard!...

MAUGINARD.

Oh! tu sais!.., je ne peux pas me tromper: c'est mon histoire que je te raconte là; avec un chapitre en plus cependant: le chapitre gai. Parce que, moi, je n'ai pas eu la même chance que toi. Quand Mme Mauginard est morte, j'avais une fille; une fille à laquelle j'ai dû me consacrer exclusivement, ce qui fait que je les ai encore, moi, ces ardeurs juvéniles et inassouvies d'antan... et qu'elles me pèsent et qu'elles m'étouffent, et que je ne les veux plus!.. C'est pourquoi je marie ma fille. Chacun son tour mon vieux. (*riant et reculant devant Fauvardier qui marche sur lui d'un air menaçant.*) Ah! tu n'as pas voulu me refaire mon nœud de cravate!.. Ça t'apprendra! (*appelant*) Célestin. (*à Fauvardier.*) Ça t'apprendra, mon vieux. (*Sortant vivement à droite.*) Célestin! Célestin!

SCÈNE QUATRIÈME

FAUVARDIER, puis ISIDORE.

FAUVARDIER, *furieux montrant le poing à Mauginard qui s'éloigne.*

Vaurien! scélérat! bandit! je te... je... (*se retournant très froid.*) Il a raison, pourtant. C'est bien ainsi que les choses se sont passées. Qui diable supposerait une telle perspicacité à ce....

* ISIDORE, *qui entre de gauche les vêtements en désordre un peu gris, l'air éreinté.*

Ah! c'est vous, papa? donnez moi donc deux mille francs.

FAUVARDIER, *sursautant.*

Hein?

ISIDORE.

Deux mille francs. Je les ai perdus sur parole.

FAUVARDIER, *scandant.*

Deux mille francs?..

---

* I. F.

SCÈNE QUATRIEME

ISIDORE.

Oui. Il faut que je les envoie avant midi (un temps) Dépêchez-vous! je n'ai pas le temps de m'amuser, moi. Je me marie tout a l'heure.

FAUVARDIER.

Tu as une jolie tête pour te marier.

ISIDORE.

C'est votre faute. Qu'est-ce que vous m'avez dit hier, en m'abandonnant a Mongiron: Tu n'as que 24 heures d'indépendance, mon garçon, use-les joyeusement! j'ai suivi le conseil. Seulement je t'ai suivi en me méfiant.

FAUVARDIER.

En te méfiant? de qui?

ISIDORE

De Mougiron, à qui vous aviez recommandé de me griser. (sur un mouvement de Fauvardier) Faut pas dire non! je vous connais. Vous comptiez que je manquerais la mairie C'est malin. Oh! c'est très malin! Oui mais voilà, je ne voulais pas la manquer moi, la mairie. Parce que c'est la qu'on va me remettre Yvonne! ma chère, ma belle petite Yvonne. (vivement.) Ah! faut pas lui en vouloir à Mongiron. Il a fait tout ce qu'il a pu. Seulement, il est un peu jeune pour moi. Oh! oui, jeune, trop jeune pour moi, Mongiron! (changeant de ton.) Deux mille francs, papa!

FAUVARDIER, qui prend son portefeuille.

J'aurais mieux fait de t'envoyer dormir. Tu serais présentable au moins.

ISIDORE.

Ne vous faites pas de mauvais sang! le temps de passer au télégraphe, et je vous ramène un Isidore... (faisant claquer sa langue) Je ne vous dis que ça.

FAUVARDIER, lui donnant deux billets de banque.

Tiens!

ISIDORE, qui met les billets dans la poche de son veston.

Merci papa. A tout à l'heure (fausse sortie) revenant avec un regard sur le pavillon) Dites donc, est-ce vous l'avez vue?

FAVARDIER.

Qui cela ?

ISIDORE.

Yvonne.

FAUVARDIER, avec humeur.

Mais non! J'arrive à l'instant!

ISIDORE.

Elle doit être bigrement bien en mariée?

FAUVARDIER, même jeu.

Est-ce que je sais!

ISIDORE.

J'aurais tant voulu la voir le premier!

FAUVARDIER.

Parbleu on va t'attendre pour lui mettre la couronne d'orangers.

ISIDORE.

Oh! je ne demande pas ça! qu'on m'attende pour la retirer ça me suffit. A tout à l'heure, papa! (Il remonte en courant à gauche et se cogne contre Virginie qui entre suivie d'Octave.

* ISIDORE.

Mon Dieu, madame, je regrette... mais, aussi, vous tenez toute l'allée. (Il reprend sa course et se heurte à Octave).

** OCTAVE.

Je ne tiens pas toute l'allée, moi Monsieur.

ISIDORE.

Ah! vous, c'est différent: on ne vous voit pas!

(Il sort en courant)

---

* O. I. V. F., ** I. O. V. F.

SCÈNE CINQUIÈME

FAUVARDIER, OCTAVE, VIRGINIE, puis MAUGINARD.

VIRGINIE.

S'il est permis... toute l'allée!

OCTAVE.

On ne me voit pas? Qu'est-ce qu'il entend par là.

* MAUGINARD, entrant de droite à Fauvardier.

Ça y est (apercevant Virginie et Octave, très empressé.) Mlle Muflardon, sans doute (Sur un signe affirmatif de Virginie — à part) Très bien! elle est très bien, cette femme! (haut.) Comme c'est aimable à vous d'être venu si tôt (Désignant Octave.) M. votre neveu?

** VIRGINIE.

En chair et en os!

FAUVARDIER. à part.

En os, surtout!

MAUGINARD.

Notre garçon d'honneur (lui serrant la main) Enchanté jeune homme de faire votre connaissance.

OCTAVE.

Croyez, Monsieur, que, pour ma part...

MAUGINARD, bas à Fauvardier.

Le fils du sénateur.

FAUVARDIER, qui regarde Octave du coin de l'œil.

Je le trouve bien jeune, pour le fils d'un sénateur.

---

* O. V. M. F., ** V. O. M. F., *** V. M. O. F.

MAUGINARD, à Virginie.

Vous me voyez désolé de vous recevoir dans cette tenue. Je suis un peu en retard. On a tant de choses à faire en un tel jour. Si vous le permettez, mon ami Fauvardier va vous tenir compagnie un instant! Voulez-vous voir la serre?... Fauvardier, montre donc la serre à Mademoiselle et à Monsieur.

*FAUVARDIER, à part, avec humeur.

Les corvées, maintenant. (Haut — s'efforçant de sourire) A vos ordres, Mademoiselle, entièrement à vos ordres.
(Il montre la droite à Virginie.)

** VIRGINIE, qui passe, pour sortir.

Trop aimable...

OCTAVE, même jeu.

Monsieur...

MAUGINARD.

Je vous rejoins dans un instant.

FAUVARDIER, à Mauginard, sortant.

Que le diable t'emporte avec ta Muflardon!

SCÈNE SIXIÈME

MAUGINARD, puis YVONNE

MAUGINARD, à Fauvardier, qui s'éloigne.

Ah! tu n'as pas voulu me faire mon nœud de cravate! (riant, au public.) il enrage! non, positivement, il enrage.

*** YVONNE, qui paraît à droite sans descendre, toilette de mariée, moins la couronne.

Eh bien! papa, qu'est-ce que vous faites?

MAUGINARD.

Me voilà, ma mignonne.

---

* M. F. V. O., ** M. F. O. V., M. Y.

SCÈNE SIXIÈME

YVONNE, venant en scène.

Je suis prête, moi. Voyez.

MAUGINARD, qui la fait tourner.

Charmante! Délicieuse! Adorable! un petit peu d'oranger par la dessus.... (un temps qu'il emploie à la regarder encore) Viens que je t'embrasse. (L'embrassant au front. Emu.) Chère petite, va, tu ne sauras jamais combien je t'aime.

YVONNE, incrédule.

Oh! ça?

MAUGINARD.

Qu'est-ce que ça veut dire ton : oh ça...

YVONNE.

Ça veut dire que, si vous m'aimiez à ce point, vous ne mettriez pas un tel empressement à me marier.

MAUGINARD.

Un tel empressement? Voyons, ma chérie, tu as vingt ans?

YVONNE.

Eh bien?

NAUGINARD.

Tu m'as refusé déja 8 prétendants.

YVONNE.

Ce qui prouve que vous avez eu huit fois déjà l'intention de vous débarrasser de moi.

MAUGINARD.

Toi, tu viens de voir Fauvardier!

YVONNE.

Mais non!

MAUGINARD.

« Me débarrasser! » C'est un mot de lui ça.

YVONNE, vivement.

Ah! vous voyez bien, les autres pensent comme moi.

MAUGINARD.

Les autres! Fauvardier ce n'est pas les autres. C'est un autre, tout au plus. Et puis Fauvardier, qui n'a cessé de se liguer avec toi dans cette révolte, tient à conserver son fils, parceque, avec son fils, il peut.... (vivement.) C'est du reste pour la même raison que je tiens à te marier. Parce que, quand tu seras mariée, je pourrai....

YVONNE.

Je ne comprends pas.

MAUGINARD.

Hein ? tu... (éclatant.) Mais je l'espère bien que tu ne comprends pas!

YVONNE, avec un soupir.

Alors je vais devenir Mme Fauvardier.

MAUGINARD.

Mon Dieu, oui, dans une petite heure.

YVONNE.

Papa! mon petit papa!

MAUGINARD, souriant.

Hein.

YVONNE, timidement.

Il n'y aurait pas moyen de remettre ça à un autre jour.

MAUGINARD, sursautant.

Est-ce que tu deviens folle? Comment, c'est le matin même, de la cérémonie, quand tu viens de revêtir la robe de circonstance...

YVONNNE.

Oh! si ce n'est que cela, elle sera vite retirée la robe de circonstance!

MAUGINARD, vivement.

Veux-tu venir ici! Veux-tu venir ici tout de suite (un temps.) A-t-on jamais vu! Eh bien et nos invités?

SCÈNE SIXIÈME

YVONNE, se rapprochant.

Oh! nous ne les renverrons pas!

MAUGINARD.

C'est heureux!

YVONNE.

Puisque le repas est commandé, il dîneront avec nous.

MAUGINARD.

Ça va tout seul. Et M. le maire? Qu'est-ce qu'il deviendra pendant ce temps là M. le maire!

YVONNE.

On ira le chercher (vivement.) Tenez! j'irai, j'irai moi même, si vous voulez.

MAUGINARD.

Ah! par exemple, je serais curieux de savoir ce que tu lui dirais.

YVONNE.

C'est bien simple:

AIR :

I

Je lui dirais: monsieur, bonjour !
A dîner, papa vous invite;
Vous unirez un autre jour,
Rentrez l'écharpe et venez vite.
Ce matin, sans aucun apprêt,
En m'éveillant comme l'aurore
J'ai dit à mon cœur: Es-tu prêt,
Il a répondu : pas encore!

Mais, entre nous, c'est convenu;
Ce n'est pas promesse éphémère,
Je reviendrai, Monsieur le Maire,
Lorsque l'amour sera venu.

2

 Je sais que l'usage défend
 Qu'en un pareil cas on badine.
 Mais vous avez l'air bon enfant,
 Si l'on n'épouse pas, on dîne !
 Boire et s'amuser, sur ma foi,
 Seront nos uniques devises,
 Je vous placerai près de moi,
 Venez, nous dirons des bêtises.

 Et cela reste convenu;
 Ce n'est pas promesse éphémère,
 Je reviendrai, Monsieur le Maire,
 Lorsque l'amour sera venu.

MAUGINARD.

C'est parfait !

YVONNE, joyeuse.

N'est-ce pas? Comme ce sera gentil!

MAUGINARD.

Oh! très gentil

YVONNE.

Dites donc! j'ai bien envie d'y aller comme ça. Je me déshabillerai en revenant.

MAUGINARD.

Oui. Oui! vas-y comme ça. (vivement) Ah! seulement, va chercher ta couronne

YVONNE.

Vrai! vous croyez que ma couronne?..

MAUGINARD.

Ce ne serait pas drôle sans ça! Pour proposer à M. le Maire de te dire... des bêtises, la couronne est indispensable.

YVONNE, qui regarde Mauginard indécise.

Est-ce que vous ne vous moquez pas de moi papa?

MAUGINARD, sérieux.

Oh! je n'oserais pas? (supportant un instant, sans broncher, le regard interrogateur d'Yvonne puis riant paterne) Allons, va finir de t'habiller, et ne me dis plus de folies pareilles! (apercevant Taupinois qui parait avec Hélène à son bras.) Tiens, ta demoiselle d'honneur.

SCÈNE SEPTIÈME

*Les mêmes, HÉLÈNE, TAUPINOIS.

YVONNE, courant à Hélène, qui quitte le bras de Taupinois.

Hélène!

** HÉLÈNE, après avoir embrassé Yvonne.

J'espère que tu es belle!

YVONNE.

Eh bien! Et toi!

Elles se regardent mutuellement et causent à voix basse.

MAUGINARD, serrant la main à Taupinois.

Qu'est-ce que vous avez donc fait de Mme Taupinois?

TAUPINOIS.

Elle est en train de fouiller Croissy, pour trouver des gants; elle a laissé les siens à Paris. (baissant la voix.) Il est arrivé le jeune homme.

MAUGINARD, à demi-voix.

Oui, avec sa tante.

TAUPINOIS.

Pensez vous qu'il fasse l'affaire d'Hélène?

* T. H. M. Y., ** T. M. Y. H.

MAUGINARD, sans enthousiasme.

Euh!

TAUPINOIS.

Ce n'est pas un aigle?

MAUGINARD.

Euh !

TAUPINOIS

Dites le, allez! Ça m'est egal; pourvu qu'il soit.., possible, c'est tout ce que je demande.

MAUGINARD.

Oh! possible, oui! — Seulement je ne m'explique pas pourquoi vous êtes si pressé de marier votre fille. Vous n'êtes pas veuf, vous.

TAUPINOIS, confidentiellement.

Pendant que ma femme embêtera son gendre, elle me laissera tranquille.

MAUGINARD.

Ah! fort bien.

YVONNE, à Hélène.

Je ne le connais pas. Il parait que c'est un jeune homme de très bonne famille.

MAUGINARD, à Taupinois.

Vous voyez. Ça l'occupe déjà. (haut à Hélène.) Vous parlez du garçon d'honneur? Venez je vais vous le présenter.

HÉLÈNE.

Oh! J'ai bien le temps de le voir. J'aime mieux rester avec Yvonne.

TAUPINOIS, à Hélène.

Pardon, pardon! Il est essentiel que tu fasses connaissance avec ton partenaire.

(*) HÉLÈNE, à Yvohne.

Est-ce ennuyeux.

YVONNE.

Reviens vite!

** FAUVARDIER, entrant de droite. — au public.

Je les ai laissés en tête à tête avec les plantes grasses. Ce qu'ils sont assommants.

MAUGINARD, à Fauvardier.

Tu tombes bien, toi! Conduis donc Monsieur et Mademoiselle à la serre.

FAUVARDIER, avec force.

Ah ! encore !

MAUGINARD, à Taupinois et à Hélène présentant

Mon vieil ami Fauvardier, le père du futur. — Monsieur et Mademoiselle Taupinois notre demoiselle d'honneur.

FAUVARDIER, à Taupinois et à Hélène, désignant la droite.

Si vous voulez bien vous donner la peine de... (à Mauginard sortant, derrière Taupinois et Hélène.) Dis donc? tu devrais me faire faire une petite casquette avec un galon d'argent... (sur un mouvement de Mauginard.) Mais si... mais si !.. Et puis je vendrais des catalogues.

SCÈNE HUITIEME

(***) MAUGINARD, YVONNE, puis ISIDORE

MAUGINARD, se dirigeant vers le pavillon, riant.

Il enrage toujours! (montant les marches.) Je crois qu'il est temps d'aller mettre ma redingote. (à Yvonne.) Viens tu ?

YVONNE.

Oui papa !

(*) T. M. H. Y., (**) T. F. M. H. Y., (***) Y. I. M.

ISIDORE, (entrant de gauche même tenue que précédemment)

Ah ! non, vous savez, faut pas me la faire celle là ! Ces deux billets de cent francs que vous m'avez donnés. (étonné) Monsieur Mauginard ! Ça va bien ?

MAUGINARD

Comment, c'est vous ?

ISIDORE, qui se passe les mains sur les bras, sur les jambes et sur la poitrine.

Oui ! oui ! c'est moi, oh ! c'est bien moi !

MAUGINARD

Et vous n'êtes pas plus habillé que ça.

ISIDORE, s'inspectant

Dame ! il me semble que j'ai un peu de tout.

MAUGINARD

Voulez-vous me faire le plaisir d'aller passer un habit et plus vite que ça.

ISIDORE

Ah ! c'est de l'habit que ! oui, oui ! Oh ! ça c'est entendu, l'habit ! et puis vous savez quelque chose de... (il fait claquer sa langue comme précédemment) non, mais vous allez voir !

MAUGINARD

Dépêchons ! Dépêchons ! (il entre dans le pavillon)

ISIDORE, s'adressant toujours à Mauginard)

C'est entendu, aussi je me dépêche, seulement je voudrais savoir où est papa.

YVONNE

M. Fauvardier est dans la serre.

ISIDORE qui se retourne étonné

Tiens ! ma femme.

SCÉNE NEUUVIEME

(*) ISIDORE, YVONNE

YVONNE

Votre femme, pas encore.

ISIDORE

Je sais bien... mais c'est égal, ça va venir. Je dis oui ; vous dites oui ; ça n'y était pas : vlan ça y est.

YVONNE

Et si je disais non !

ISIDORE

Ah ! j'ai déjà vu ça !... dans un drame à l'Ambigu ! C'est le futur qui faisait une tête.

YVONNE

La tête que vous feriez si je vous infligeais pareille mésaventure.

ISIDORE

Non ! oh non ! Je ne pourrais pas. Il faut être du métier. Il paraît que c'est ce qu'il y a de plus difficile à faire dans ces têtes là. La figure s'amincit, le nez s'allonge, il doit y avoir un truc.

YVONNE

Enfin vous savez que je ne vous aime pas.

ISIDORE

Je sais que vous me l'avez dit, mais ce n'est pas une raison. Chaque fois qu'une femme m'a dit je t'aime, c'était pas vrai ! Tenez Anna. La grande Anna, en voilà une qui me l'a dit souvent. Eh bien ! c'était pas vrai.

(*) Y. 1.

YVONNE

Je n'ai pas l'honneur de connaître Mademoiselle Anna.

ISIDORE

Oh ! C'est pas un honneur.

YVONNE.

Mais je sais que moi, je ne dis que ce qui est (appuyant.) je ne vous aime pas.

ISIDORE.

Bon.

YVONNE.

Ca vous est égal.

ISIDORE.

Je préférerais autre chose, mais enfin qu'est-ce que vous voulez... moi je vous aime. Et puis c'est plus fort que moi. (Résolument.) Voyons, vous avez éconduit déjà huit prétendants.

YVONNE.

Oui

ISIDORE.

Et vous m'avez accueilli moi neuvième.

YVONNE.

Oui, d'où vous concluez.

ISIDORE.

Enfin si vous en avez jeté huit à l'eau pour me garder, c'est que...

(*) YVONNE.

C'est que vous êtes celui que je déteste le moins.

ISIDORE, avec une grimace.

Hum, voilà tout.

(*) L. V.

(*) MAUGINARD, qui paraît à droite en haut des marches. Il à sa redingote.
A part,apercevant Isidore,

Comment, il est encore là, (il écoute.)

SCENE DIXIEME

Les mêmes, MAUGINARD.

ISIDORE.

Ce n'est pas extrêmement flatteur, mais je suis philosophe, j'attendrai.

YVONNE, vivement.

Vous attendrez... pour m'épouser?

ISIDORE, vivement.

Ah! non! Je vous épouse d'abord, j'attendrai ensuite.

YVONNE.

Et cela ne vous fera rien, de vous dire constamment: cette femme, cette femme qui est ma femme, ne m'aime pas!

ISIDORE.

Si vous croyez que je serai assez bête pour me dire ça.

YVONNE.

Mais vous le verrez, cela éclatera malgré moi.

ISIDORE.

Oui il y a des moments où ça gêne un peu quand ça éclate... (un temps) Eh bien! voilà tout dans ces moments là je fermerai les yeux.

MAUGINARD, à part.

Bravo!

(*) I. Y. M.

YVONNE, nerveuse.

Ah! tenez vous n'avez pas de cœur.

ISIDORE.

Je sais bien, vous me l'avez pris.

YVONNE.

Et je vous ferai payer cher votre entêtement.

ISIDORE.

C'est pas de l'entêtement, c'est de la persévérance.

YVONNE.

Stérile, Monsieur, stérile, absolument stérile, (rageuse) je ne vous aime pas et je ne vous aimerai pas.

ISIDORE.

Faudra voir.

YVONNE.

Le fât.

ISIDORE.

Vous ne voulez pas que je me mette à m'éreinter aussi.

YVONNE.

D'ailleurs le mieux et de vous dire toute la vérité.

ISIDORE.

C'est-ça.

YVONNE.

Non seulement je ne vous aime pas; non seulement je ne vous aimerai jamais, mais encore... (Elle hésite.)

ISIDORE.

Allez! allez! je m'attends à tout.

YVONNE, achevant.

J'en aime un autre.

MAUGINARD, à part.

Qu'est-ce qu'elle raconte là.

ISIDORE, riant.

Ah! elle est très bonne! elle est bien bonne.

YVONNE.

Vous ne me croyez pas.

(*) ISIDORE, riant crescendo.

Si! Si! Dites donc, vous me le montrerez, (remontant à droite pour sortir.) Non vrai, vous savez elle est bonne, elle est très bonne!

YVONNE, qui fait un pas dans sa direction.

Mais!...

ISIDORE, même jeu.

Puisque je vous dis qu'elle est très bonne! Dans la serre, n'est-ce pas? Très bonne! Très bonne! (Il se retourne pour sortir et se cogne dans Fauvardier qui paraît, Ah! tout le temps. Tiens c'est papa.

SCENE ONZIEME

LES MÊMES, FAUVARDIER puis ELVIRE

(*) FAUVARDIER.

Ah çà! quand iras-tu t'habiller?

ISIDORE.

Tout de suite. Dix huit cent francs papa!

FAUVARDIER.

Encore!

ISIDORE.

Non, pas encore, c'est les mêmes (montrant les billets de 100 francs). Un peu faibles de constitution vos billets de mille.

(*) Y. I. M., (**) Y. I. F. M.

FAUVARDIER, qui a pris son portefeuille

Tiens ! c'est vrai ! (lui donnant deux autres billets) Je me suis trompé.

ISIDORE empochant les 4 billets

Merci.

FAUVARDIER

Rends-moi les autres,

ISIDORE

J'ai pas le temps faut que j'aille m'habiller (à Mauginard qui est descendu en scène) Je reviens tout de suite, (à Yvonne) Très bonne, très bonne, (il court pour sortir à gauche et se cogne dans Elvire qui paraît) Ah ! bien non ! Si vous le faites exprès il faut le dire (Il disparaît).

SCÈNE DOUZIÈME

MAUGINARD, FAUVARDIER, YVONNE, ELVIRE

MAUGINARD, allant à Elvire (*)

Madame Taupinois.

ELVIRE qui regarde Isidore s'éloigner

Quel est... ce monsieur ?

MAUGINARD

C'est le marié, chère madame, excusez-le il est un peu pressé,

ELVIRE, qui donne quelques tapes sur sa robe très scène

Je vois ça. (allant à Yvonne) Chère petite, est-elle mignonne ainsi (elle l'embrasse) à Mauginard, qu'avez vous donc fait de Monsieur Taupinois.

MAUGINARD

Il est avec les Muflardon, madame.

ELVIRE

Ah ! oui, les Muflardon !

(*) Y. I. E. F. M.

MAUGINARD.

Si vous désirez faire leur connaissance ?

ELVIRE.

Avec grand plaisir !

MAUGINARD.

Fauvardier ! conduis donc Madame à la serre.

FAUVARDIER, éclatant

Ah ! non ! j'en ai assez, à la fin ! (à Elvire, brusque, le doigt tendu) Tenez Madame, au bout de cette allée, à gauche. Un peu avant d'arriver au mur.

ELVIRE, sortant

Mille grâces, Monsieur !

FAUVARDIER, redescendant à Mauginard

Quand tu m'auras fait faire une petite casquette, nous verrons !

(*) MAUGINARD, à Yvonne qui a gagné la porte du pavillon.

Où vas-tu, ma fille ?

YVONNE, résignée

Mais terminer ma toilette, papa.

MAUGINARD

Une minute, ma chérie.

SCENE TREIZIEME

MAUGINARD, FAUVARDIER, YVONNE

FAUVARDIER, qui regarde Yvonne avec compassion.

La pauvre enfant !

SCÈNE TREIZIÈME

MAUGINARD

Toi, garde tes réflexions ! (prenant une des mains d'Yvonne dans la sienne) Réponds-moi mon enfant : ce que tu disais tout à l'heure à Isidore, c'est une plaisanterie, n'est-ce pas ?

YVONNE.

Ce que je disais ?

MAUGINARD.

Cet amour, ce prétendu amour ?

YVONNE, vivement

Ah ! vous avez entendu ?

MAUGINARD.

Oui. Tu te moquais sans doute ?

YVONNE, avec un soupir

Hélas !

FAUVARDIER, vivement à Yvonne

Vous aimez quelqu'un ?

YVONNE.

De toute mon âme !

FAUVARDIER, joyeux.

Quelqu'un qui n'est pas mon fils ?

YVONNE, souriant

Quelqu'un qui n'est pas votre fils.

FAUVARDIER, vivement à Mauginard.

Dis-donc, mon ami, voilà qui fait notre affaire à tous les deux. Je garde Isidore et tu cases tout de même ta fille ! (Il remonte vivement)

MAUGINARD.

Qu'est-ce que tu fais ?

FAUVARDIER.

Je vais contremander la cérémonie.

MAUGINARD.

Attends un peu que diable !

FAUVARDIER.

Puisqu'il y a maldonne, recommençons ! Je ne vois que ça, moi. (Il remonte de nouveau).

YVONNE, vivement.

C'est inutile. (Fauvardier et Mauginard se rapprochent.) Celui que j'aime...

MAUGINARD ET FAUVARDIER, ensemble.

Eh bien ?

YVONNE, après un temps

Je ne le connais pas

MAUGINARD.

Hein ?

FAUVARDIER.

Plait-il ?

YVONNE, avec crânerie

Ah ! sans cela, on aurait eu beau dire et beau faire, allez ! Je n'aurais épousé que celui-là !

MAUGINARD.

Ah ! çà, voyons, qu'est-ce que tu me chantes ? Tu aimes quelqu'un ?

YVONNE

Que je n'ai jamais vu. C'est bien simple !

MAUGINARD

Eh bien ! non, justement, ce n'est pas simple du tout !

FAUVARDIER

Vous ne savez pas s'il est brun ou blond ?

YVONNE

Non !

SCÈNE TREIZIÈME

MAUGINARD

Petit ou grand ?

YVONNE

Non

FAUVARDIER

Jeune ou vieux.

YVONNE, avec feu

Jeune! oh! jeune!!

MAUGINARD

Hum ! Tu es joliment affirmative sur ce point là !

YVONNE

C'est qu'il n'était pas possible de s'y méprendre.

MAUGINARD

Diable !

YVONNE

A la vigueur de son étreinte..!

FAUVARDIER

Il y a eu étreinte?

YVONNE

A l'ardeur de son baiser.

MAUGINRD

Tu as reçu un baiser.

YVONNE, vivement

Oh! mais je l'ai rendu tout de suite!

MAUGINARD

De mieux en mieux! Ah! çà voyons, tu perdais la tête?

YVONNE

Non papa : je trouvais l'amour. Ah ! ce baiser !

AIR :

1

C'est la fraiche oasis, le miel,
C'est le bonheur inoubliable...
On peut, pour entrevoir le ciel
Un instant, se donner au Diable.
Tant pis, si, dans un tel moment,
Dame raison nous abandonne.
Il est doux, même lorsqu'il ment
Le premier baiser qu'on nous donne

2

Ce chant des lèvres, sans étude
Transporte et charme tour à tour,
Il est l'harmonieux prélude
De tous les hymnes d'amour.
Les baisers ont l'ennivrement
Qui console, implore ou pardonne,
Mais le seul qui compte vraiment ;
C'est le premier baiser qu'on donne.

MAUGINARD.

Et tu as rencontré ce jeune homme. Ce prétendu jeune homme ?

YVONNE.

A deux pas d'ici sur la route.

FAUVARDIER

Il me semble que pour une première fois..

YVONNE.

Je l'avais aperçu souvent à la même place. Par la fenêtre de Marion, on voit très bien ce qui se passe de l'autre côté du mur.

SCÈNE TREIZIÈME

MAUGINARD.

Ah ! tu te donnais la peine de monter chez Marion.

YVONNE.

Une chose m'intriguait surtout. Si pour regarder, je me dissimulais derrière le rideau, le pauvre garçon ne cessait d'interroger la fenêtre avec des gestes passionnés. Si je me montrais, au contraire, il prenait aussitôt la fuite.

MAUGINARD.

Un drôle d'amoureux.

YVONNE.

Un soir la curiosité l'emporta, je m'enveloppai dans la pelisse de Marion.

MAUGINARD.

Oui l'étreinte ! La fameuse étreinte ! (un temps) alors le roman s'est arrêté là.

YVONNE.

Presque. Le lendemain il est revenu. J'avais préparé un mot...

MAUGINARD, inquiet.

Ah ! tu as écrit ?

YVONNE, vivement.

Sur un tout petit bout de papier ! Et puis presque rien : « Demandez ma main. Je vous aime ».

MAUGINARD.

Presque rien en effet.

YVONNE.

J'ai roulé cela autour d'un caillou...

MAUGINARD.

Tout petit également.

YVONNE

Je l'ai jeté... (avec un soupir) il n'a plus reparu !

MAUGINARD.

Parbleu !

YVONNE, câline.

Voulez-vous que nous l'attendions encore un peu, papa?

MAUGINARD.

Mais comment donc ! (changeant de ton) Tu vas me faire le plaisir d'aller chercher ta couronne tout de suite. Si nous attendions tu ne pourrais plus le mettre.

YVONNE.

C'est votre dernier mot?

MAUGINARD, qui s'anime.

Le dernier !

FAUVARDIER

Cependant !..

MAUGINARD

Toi, tu m'ennuies à la fin, (à Yvonne.) A-t-on jamais vu! S'éprendre d'un Monsieur qui vient roucouler sous vos fenêtres... Qu'est-ce que je dis, roucouler? Il ne roucoule même pas! Sais-tu qui il est, d'où il sort? Tu ne l'as pas vu seulement ! C'est peut-être un nègre. Tu ne te vois pas au bras d'un nègre?

(*) YVONNE, qui s'est rapprochée du pavillon.

Eh bien soit. Je me marie. Mais je vous en préviens, il n'a qu'à bien se tenir, votre Isidore, parceque, si je rencontre jamais l'autre...

MAUGINARD

Si tu rencontre jamais l'autre?

YVONNE, après un temps, poussant la porte en sortant.

Je ne vous dis que ça!

FAUVARDIER, à part.

C'est bon à savoir.

MAUGINARD, à Fauvardier.

Dis donc, en voilà une qui n'y a pas croupi non plus dans la cotonnade.

SCENE QUATORZIEME

MAUGINARD, FAUVARDIER, TAUPINOIS, OCTAVE, HÉLÈNE, VIRGINIE, ELVIRE, puis ISIDORE, GRINCHONOT, puis YVONNE et MARION.

(Elvire au bras d'Octave, Virginie au bras de Taupinois)

FAUVARDIER, avec emphase.

Le retour de la serre!

HÉLÈNE, allant à Mauginard.

Où est donc Yvonne?

MAUGINARD.

Elle va venir mon enfant. Eh bien, et votre garçon d'honneur?

HÉLÈNE

Vous voyez c'est maman qui l'a pris.

MAUGINARD.

Par exemple. (Il fait un pas pour remonter)

HÉLÈNE, vivement.

Oh! laissez le lui! je l'aurai toujours assez, moi.

MAUGINARD.

C'est un gentil garçon, pourtant.

HÉLÈNE, qui va à Fauvardier.

Je ne dis pas... mais entre nous, il est un peu bébête.

MAUGINARD, au public.

Elle ne sera pas commode à marier non plus, cette petite là !

ELVIRE, qui s'est assise à côté d'Octave.

Voyez-vous jeune homme, une mère est toujours une amie... Moi, je ne pourrais pas me séparer de ma fille...

OCTAVE.

Je comprends ça, madame, je comprends ça !

TAUPINOIS, qui a fait asseoir Virginie au fond et qui vient prendre le bras de Mauginard pendant qu'Hélène remonte à Virginie.

Qu'est-ce que je vous disais ? il n'est pas encore notre gendre, et déjà ma femme... Ah ! ce que je vais être tranquille maintenant !
(Ils vont s'asseoir à droite et continuent à causer à voix basse.)

FAUVARDIER, qui s'assied sur une des chaises placées près du guéridon.

Regardant à sa montre :

Midi ! Nous arriverons en retard.

ISIDORE, qui entre de gauche, en courant. Tenue de marié.

Me voilà moi ! (Il s'arrête au moment de se cogner contre Hélène, s'excusant) Mademoiselle ! (avec un regard sur Virginie — au public.) L'autre je n'aurais pas pu l'éviter.

MAUGINARD, présentant

Le marié !

(Tout le monde se lève et salue.)

ISIDORE, saluant.

Mesdames,... Messieurs... (il descend à Fauvardier.)

FAUVARDIER

Rends moi mes deux cents francs.

ISIDORE, qui ébauche un geste.

C'est juste. (Il se ravise) Ah bien non, j' peux pas ! Je les ai laissés dans mon veston.

SCÈNE QUATORZIÈME

MAUGINARD

La mariée.

TOUS

Ah !

(Yvonne paraît, suivie de Marion qui porte le chapeau de Mauginard. Elles restent en haut des marches — Grinchonot entre de droite et gagne le milieu du Théâtre, il a à la main un écriteau tourné en sens inverse. Tous les regards se portent étonnés sur lui.)

MAUGINARD, à Grinchonot désignant l'écriteau.

Qu'est-ce que c'est que ça ?

GRINCHONOT

Ça, c'est pour prévenir ! (Il tourne l'écriteau du côté du public.)

ISIDORE, lisant.

Prenez garde à la peinture.

Mauginard, Fauvardier, Octave, Elvire, Virginie regardent vivement les parties de leurs vêtements qui ont touché les bancs et montrent qu'ils sont rayés de vert.

MAUGINARD, FAUVARDIER, OCTAVE, ELVIRE, VIRGINIE, (ensemble).

Ah !

Jeu de scène ; Yvonne, Hélène, Marion et Isidore rient des autres personnages, Isidore rit à se tordre et dans un spasme, se laisse tomber à son tour sur un des sièges du premier plan. Soudain rappelé à la réalité il se lève.)

ISIDORE, vivement, regardant le pan de son habit).

Oh !

(Tout le monde rit en regardant l'habit d'Isidore, lequel Isidore reste piteux).

RIDEAU.

LE BAISER D'YVONNE

ACTE DEUXIÈME

A Croissy. La salle du rez-de-chaussée d'un restaurant. Au fond, porte ouverte, donnant sur la route qui borde la rivière. — A droite et à gauche, de chaque côté de la porte, deux grandes fenêtres prenant vue sur la route. — A gauche, deuxième plan, porte conduisant au salon pour noces au premier étage. — A droite, deuxième plan, un grand buffet moderne avec plats, compotiers, fruits, bouteilles de vins fins, etc. — A droite et à gauche premier plan, portes latérales. — A droite entre le buffet et la porte du premier — mais en scène — une table pour consommateurs, une table plus petite à gauche disposée de même façon, entre les deux portes. — Sièges.

SCÈNE PREMIÈRE

PAOLA, MERCÉDÈS, AMANDINE, et ROSE, *deboûts autour de la table de droite. Le verre en main.*

PAOLA, *le verre levé.*

Dernier couplet ! *Elle descend à la rampe les autres la suivent.*

AIR :

Enfin, le canotier tenta
Contre la canotière
Qui, longtemps encor, résista,
Une attaque dernière.
Mais soudain, la barque vira ;
Ils virèrent comme elle,
L'heure où la barque chavira
Vit chavirer la belle.

SCÈNE PREMIÈRE

REFRAIN :
Glisse
Petit canot !
Hisse !
Nargue le flot !
Reprise. Ensemble
Glisse
etc.

PAOLA

Et maintenant : en barque !

TOUTES

En barque !... (elles remontent.)

MERCÉDÈS, s'arrêtant au milieu du théâtre.

Nous n'attendons pas que la noce descende ?

PAOLA, AMANDINE, et ROSE, ensemble.

Pourquoi faire ?

MERCÉDÈS

Je voudrais la revoir un peu. Elle est si drôle !

ROSE

Le fait est que l'on n'en rencontre pas souvent de pareille.

PAOLA.

Tous en manche de chemise.

AMANDINE.

Les hommes !

PAOLA.

Tiens ! c'te bêtise ! Allons ! en route ! Nous avons bien le temps de la voir, la noce.

TOUTES.

En route.

Reprise, ensemble, pour la sortie.
Glisse
etc.

(Elles sortent en courant par le fond.)

SCÈNE DEUXIÈME

CANARDIN puis CÉLESTE ET ANGÉLIQUE.

CANARDIN, refermant sur lui la porte du deuxième plan gauche.

Oui, Monsieur, oui, soyez tranquille. (En scène appelant) Céleste ! Angélique !

CÉLESTE ET ANGÉLIQUE, qui entrent en courant — la première du premier plan gauche, l'autre du premier plan droite — Ensemble

Papa ?

CANARDIN, à Céleste qui s'est arrêtée court à sa droite.

Deux barques ! deux petites barques ! Préviens Lantimêche. Qu'il amarre à la passerelle... Prêtes dans un quart d'heure les barques !

CÉLESTE

Bien, papa !

CANARDIN, à Angélique qui s'est arrêtée court à gauche.

Toi, à la cuisine ! Qu'on attende mes ordres pour embrocher. Le dîner est reculé d'une heure

ANGÉLIQUE.

Bien papa !

CANARDIN.

Allez !

CÉLESTE ET ANGÉLIQUE, ensemble.

Oui papa ! (elles s'éloignent en courant, Céleste va vers le fond, Angélique dans la direction du premier plan à droite.)

CANARDIN.

Céleste ! Angélique !

CÉLESTE ET ANGÉLIQUE, revenant à leurs places respectives. — Ensemble.

Papa ?

CANARDIN,

Rapidement tout cela... Je vous attends. R'aller !

CÉLESTE ET ANGÉLIQUE, ensemble.

Oui papa !
(Elles sortent en courant.)

SCÈNE TROISIÈME

(*) CANARDIN, puis ISIDORE

CANARDIN. seul, au public.

Est-ce dressé, hein ? Des jumelles ! Ça marche à la baguette, militairement ! Du reste, ici tout marche militairement. J'aime ça. Je n'ai jamais servi cependant. Mais qu'est-ce que vous voulez ? on ne se refait pas, j'aime cela, moi !

ISIDORE, du deuxième plan gauche. Il est en manches de chemise. Chapeau haute forme sur la tête et porte son habit sous le bras.

Dites-moi donc, Monsieur... chose ?

CANARDIN.

Canardin, Monsieur. Je m'appelle Canardin.

ISIDORE.

Ah ! j'en suis bien content pour vous ! Canardin, ce n'est pas à la portée de tout le monde... Est-ce que Madame Canardin va bien ?

CANARDIN, grave.

Madame Canardin n'est plus !

ISIDORE.

Ah ! j'en suis bien content pour vous... (vivement) Pardon ! Ce n'est pas ça que...

CANARDIN, souriant et prenant la main d'Isidore qu'il presse dans les siennes.

Croyez que je vous suis bien reconnaissant, Monsieur de...

ISIDORE, à part.

Il n'est pas fier ! (haut) C'est égal j'aurais préféré que Madame Canardin fut encore de ce monde. (vivement sur une grimace de Canardin) Oh ! pour un instant ! pour un instant seulement !

CANARDIN

Ah bon !... Comme cela...! Vous aviez besoin d'elle ?

ISIDORE

Pas moi. Les dames. Les deux dames mûres de la noce. La mariée et la demoiselle d'honneur viennent d'aller faire un tour sur la berge, en compagnie de mon beau père, en sorte qu'il n'y a la haut pour aider nos.... mûres à mettre leurs robes qu'on vient de leur apporter, que Marion. Parce que voyez vous, du côté des hommes l'enthousiasme manque !

CANARDIN

Cela se comprend.

ISIDORE

N'est-ce pas ?

SCÈNE QUATRIÈME

Les mêmes, plus ANGÉLIQUE et CÉLESTE.

CÉLESTE et ANGÉLIQUE, entrant la première du fond, la seconde du premier plan droit, Et venant se placer comme précédemment à la droite et à la gauche de Canardin. Ensemble.

C'est fait, papa !

ISIDORE, qui regarde étonné Céleste et Angélique, à part.

Elles sont bigrement gentilles ces petites-là !

CANARDIN, qui a remarqué le regard d'Isidore. Avec orgueil.

Ma Céleste et mon Angélique ! Des sœurs jumelles !

ISIDORE, galant.

Des jumelles... avec lesquelles la vie ne peut se voir qu'en rose.

CANARDIN

C'est très gentil ce que vous venez de dire là. Très gentil ! Céleste ! Angélique !

CÉLESTE, ANGÉLIQUE, ensemble.

Papa !

CANARDIN.

Saluez le monsieur.

CÉLESTE et ANGÉLIQUE, ensemble.

Oui papa ! (elles saluent automatiquement).

CANARDIN

Est-ce dressé, hein ? Chères enfants ! (Il les embrasse alternativement. A Isidore) Je les confonds dans une tendre et même affection.

ISIDORE, même jeu que précédemment.

Il vous est d'autant plus facile de les confondre que votre Céleste est Angélique comme votre Angélique est Céleste..

CANARDIN, vivement à ses filles.

Resaluez !

CÉLESTE et ANGÉLIQUE, ensemble.

Oui papa ! (Même salut automatique.)

CANARDIN

Et maintenant, allez aider les dames mûres à changer de robes (il montre la porte du second plan.)

CÉLESTE et ANGÉLIQUE, ensemble.

Oui papa ! (elles remontent ensemble.)

CANARDIN, au moment où elles arrivent à la porte.

Céleste, Angélique !

CÉLESTE et ANGÉLIQUE

Papa !

CANARDIN

Encore une petite révérence au monsieur.

CÉLESTE et ANGÉLIQUE, ensemble.

Oui papa ! (même salut.)

CANARDIN, avec un geste majestueux.

R'allez !

CÉLESTE et ANGÉLIQUE, ensemble.

Oui papa ! (elles se retournent d'un mouvement sec et disparaissent ensemble.)

SCÈNE CINQUIÈME

ISIDORE, CANARDIN, puis FAUVARDIER, TAUPINOIS, OCTAVE, puis MAUGINARD.

CANARDIN.

Est-ce dressé ? Non, mais est-ce dressé ?

ISIDORE

Oh ! pour cela !

CANARDIN.

Militairement, hein ?

ISIDORE

Oh ! militairemnnt ! il n'y a pas à dire.

CANARDIN.

J'aime cela moi. Et cependant je n'ai jamais servi.

ISIDORE.

Eh bien, dites donc..., elles, non plus, je suppose ?

CANARDIN, lui donnant une petite tape sur le ventre.

Farceur !

ISIDORE, à part.

Non décidément il n'est pas fier.

SCÈNE CINQUIÈME

FAUVARDIER, TAUPINOIS et OCTAVE, *entrent à la file, tous en manches de chemises, le chapeau haut de forme sur la tête et l'habit ou la redingote sur le bras.*

FAUVARDIER, à Isidore.

L'opération vient de commencer. Grâce au renfort que tu as envoyé ce sera vite fait.

TAUPINOIS.

Ce n'est pas ma femme qui donnera beaucoup de mal à ces demoiselles.

OCTAVE

Non... mais ma tante...

ISIDORE

Oh! votre tante! avant qu'on en ait fait le tour!

MAUGINARD, *entrant du fond, même tenue que les autres.*

C'est drôle, quand c'est mon pardessus que je porte comme cela, ça ne me gêne pas du tout, mais ma redingote je ne peux pas m'y faire.

FAUVARDIER

Moi, non plus. Il me semble que je traîne une maison.

ISIDORE

Ah, pour une noce sans façon, nous sommes une noce sans façons!

MAUGINARD

Quand nous avons paru avec nos habits sur le bras, le maire qui ne savait pas que nous étions badigeonnés, nous a regardé d'un air si comique...

OCTAVE.

Il nous prenait pour des fous.

ISIDORE.

Mais, jusqu'à la fin! Il nous a pris pour des fous, jusqu'à la fin.

FAUVARDIER.

Moi je trouve qu'il s'est conduit en galant homme, au contraire... Il s'est déshabillé aussi.

TAUPINOIS.

Pour flatter notre manie.

FAUVARDIER

Notre manie ?

MAUGINARD.

Naturellement. Puisqu'il nous croyait fous.

ISIDORE.

Tiens ! Il avait peur. Avec ça que vous rouliez des yeux...!

MAUGINARD.

J'étais vexé.

FAUVARDIER.

Je m'explique maintenant pourquoi sur un signe du maire le garçon de bureau. ...

OCTAVE.

S'est deshabillé également,

ISIDORE.

Eh bien ! Et le concierge...! Déshabillé aussi; le concierge !

CANARDIN, qui s'est occupé au fond, descendant entre Mauginard et Taupinois.

Les barques sont amarées ici, à droite, près de la petite passerelle. Deux barques toutes neuves, peintes en vert.

ISIDORE, vivement, sursautant.

Sèche au moins la peinture.

TOUS, interrogateurs.

Ah ! oui ?

CANARDIN.

Sèche, naturellement... messieurs : sèche !

ISIDORE, au public.

D'abord, moi avant de m'installer.... (Il remonte au fond.)

CANARDIN,

Si ces messieurs ne désirent plus rien pour l'instant, je leur demanderais la permission d'aller surveiller les apprêts du diner... Un diner dont ils me donneront des nouvelles.

MAUGINARD.

Allez! Allez! (arrêtant Canardin qui dessine une sortie.) ah! tenez mettez donc ma redingote dans un coin. (Il donne sa redingote à Canardin.)

FAUVARDIER, (même jeu).

Avec la mienne.

OCTAVE, (même jeu).

Si vous voulez avoir l'obligeance de...

TAUPINOIS, (même jeu.)

Ça c'est une idée!

ISIDORE, (même jeu).

Pendant que vous y êtes....

CANARDIN, (qui gagne à droite).

Ces messieurs peuvent être tranquilles. Je vais déposer tout cela en lieu sûr.

MAUGINARD, soudainement à Canardin, courant après.

Ah! pardon, j'ai oublié de prendre quelque chose dans (il fouille sa poche)

FAUVARDIER.

Sapristi! moi aussi! (il fouille en même temps que Mauginard.)

MAUGINARD, à Fauvardier.

Lâche donc cela.

FAUVARDIER, la main dans la même poche que Mauginard.

Lâche-le, toi-même!

MAUGINARD.

Non, pardon! C'est dans ma poche que tu es.

FAUVARDIER.

Pas de mauvaises plaisanteries, hein? Cette poche est la mienne!

MAUGINARD, qui s'anime.

Enfin voyons, je sais bien ce qu'il y avait dedans.... Cette lettre....

FAUVARDIER.

C'est justement à cette lettre que je reconnais que je suis chez moi.

MAUGINARD, monté.

C'est trop fort!

FAUVARDIER, même jeu.

C'est comme cela!

ISIDORE, qui s'est approché vivement.

Un instant: je vais vous mettre d'accord. (prenant le vêtement.) C'est dans ma poche que vous êtes en train de vous promener

MAUGINARD ET FAUVARDIER, ensemble, lâchant l'habit.

Ah?

ISIDORE.

Tout simplement.

MAUGINARD, prenant sa redingote sur le bras à Canardin — à Fauvardier.

Enfin, je savais bien que tu n'étais pas dans ta poche..!

FAUVARDIER,

Je ne me trompais guère en affirmant que tu n'étais pas dans la tienne..

ISIDORE, au public, montrant une lettre qu'il a prise dans la poche de son habit et lisant l'inscription.

Mademoiselle M, plusieurs points..! Les deux mille francs que je dois remettre à Marion, en souvenir de nos relations amicales (il montre les billets de banque.) Les voilà! enveloppés dans ce poulet laconique : Un canard le poulet, (Il met la lettre dans la poche de son pantalon, reporte son habit à Canardin et remonte au fond.)

MAUGINARD, lisant la suscription d'une lettre qu'il a prise dans sa redingote,

Mademoiselle M. plusieurs points (confidentiellement.) Mademoiselle Muflardon, ma fille est mariée, maintenant j'entre en lice .. (lisant la lettre) Mademoiselle, vous êtes venue, je vous ai vue, vous m'avez vaincu! Pour chanter avec vous ce duo, j'irais jusqu'aux pieds des autels. (cachetant la lettre.) Pour une première fois! Les autels! C'est une craque. (Il met la lettre dans la poche de son pantalon et reporte sa redingote à Canardin.)

FAUVARDIER, (au public montrant une lettre qu'il a prise dans la poche de sa redingote.

Cette lettre va jeter quelques bâtons dans tes roues, mon bon

Mauginard, quand Yvonne aura lu ça... (lisant.) Chère Ange, j'espère être aimé toujours...! (fermant la lettre.) Je ressuscite l'homme aux baisers. C'est canaille mais après tout, je suis dans le cas de légitime défense. (Il met la lettre dans la poche de son pantalon et reporte sa redingote à Canardin.)

CANARDIN, qui a attendu résigné et qui sort à droite à part.

Enfin !

VIRGINIE, entrant du deuxième plan gauche.

Voilà le mal réparé.

MAUGINARD, allant à Virginie, très empressé.

Vous êtes exquise !

VIRGINIE, minaudant

Vous trouvez ? (Ils causent ensemble à voix basse.)

ELVIRE, entrant vivement à Taupinois.

Le jeune homme,? ou est le jeune homme.?

SCÈNE SIXIEME

ISIDORE, FAUVARDIER MAUGINARD, TAUPINOIS
OCTAVE, VIRGINIE, ELVIRE.

TAUPINOIS, désignant Octave à Elvire.

Là bas ma chère amie, (au public souriant,) Non, mais vais-je être assez tranquille, hein?

ELVIRE, qui rejoint Octave.

Vous avez dû vous ennuyer?

OCTAVE.

Oh! beaucoup, madame beaucoup!

FAUVARDIER.

Eh bien! et cette partie de canot ?

MAUGINARD.

Tiens, je l'avais oubliée! (à Virginie) Que n'oublierait-on pas auprès de vous, chère Mademoiselle!

VIRGINIE, modeste.

Monsieur.....

ISIDORE, descendant, à part.

Oh! Oh! voilà beau papa qui se lance!

TAUPINOIS.

Nous ne pouvons pas nous embarquer sans la mariée.

ISIDORE.

Je le pense bien.

TAUPINOIS.

On demande la mariée!

OCTAVE.

On la demande!

ELVIRE.

Oui!

MAUGINARD.

Oui!

VIRGINIE.

Oui!

TOUS, air des lampions.

La mariée! La mariée! La mariée! La mariée!

YVONNE et HÉLÈNE, paraissant au fond.

Ah!

SCÈNE SEPTIÈME

Les mêmes plus YVONNE ET HÉLÈNE

YVONNE et HÉLÈNE, se tenant par la main et descendant au milieu des personnages en Scène

ENSEMBLE.

Voici la mariée
Cessez votre clameur } bis
La brise est effrayée,
Les oiseaux prennent peur.
Et dans l'herbe mouillée
Tremble jusqu'à la fleur.
Voici la mariée
Cessez votre clameur

HÉLÈNE.

Ainsi, que souvent il arrive
Quand le printemps règne en vainqueur,
Le vol d'un papillon moqueur
Nous avait fait quitter la rive.

YVONNE.

On accourt, il part. Et l'on rage !
Le voilà ! je l'ai... Non hélas !
Ce papillon n'est-il pas
Du bonheur inconstant, l'image ?

Reprise, Ensemble.

Voici la mariée, etc.

ISIDORE.

La brise, les oiseaux, la fleur... Comment nous avons effrayés tant de choses que ça?

YVONNE, sèchement.

Oui, Monsieur. (elle s'éloigne.)

ISIDORE.

Hum ! Cela ne va pas mieux que ce matin.

TAUPINOIS.

Allons en barque !

TOUS, moins YVONNE et HÉLÈNE.

En barque !

CANARDIN, qui entre, courant du fond pour indiquer.

A droite, n'est-ce pas..?

TAUPINOIS.

Compris !

ELVIRE à Octave qui s'est échappé pour aller à Hélène et qu'elle attrappe.

Et bien, jeune homme ?

OCTAVE.

C'est que...

ELVIRE, sévère.

Quoi ?

OCTAVE.

La demoiselle d'honneur. Je voudrais bien m'occuper un peu de la demoiselle d'ho......

ELVIRE, qui le fait pivoter, le poussant dehors.

Occupez-vous de moi, jeune homme, je suis sa mère.

OCTAVE.

Oh, je le sais bien, madame, sans cela....

TAUPINOIS, qui se frotte les mains, sortant derrière Elvire et Octave.

Si tu épouses, mon bonhomme, tu ne pourras pas dire qu'on t'a pris en traître !

FAUVARDIER, allant à Marion qui entre de gauche, 2ᵉ plan, bas.

Remettez cette lettre à Yvonne. (sur un mouvement de Marion) Silence ! Cent francs pour vous !

SCÈNE SEPTIÈME

MARION, bas.

Dois-je dire...?

FAUVARDIER.

Rien, la personne qui vous l'a donnée, vous est inconnue !

MARION.

Un homme !.. Une femme...!

FAUVARDIER

Un jeune homme...! Un beau jeune homme..?

MARION, hésitante.

Je ne sais vraiment.

FAUVARDIER

Si, si ! vous savez. Deux cents francs, 200 francs pour vous !

MARION.

Oh ! alors !..

ISIDORE à Canardin qu'il a pris à part, bas.

Remettez ce pli à la femme de chambre de la mariée. La petite blonde que vous voyez là-bas.

CANARDIN.

Mais...

ISIDORE.

Allez donc toujours ! Vous mettrez cent francs sur la note. (à part) Comme c'est mon beau père qui paiera.

FAUVARDIER qui prend le bras d'Isidore.

En route mon garçon !

MAUGINARD, à Virginie qu'il n'a pas quittée.

Je tiens, absolument, chère mademoiselle, à vous avoir dans mon canot.

ISIDORE à Fauvardier.

C'est bon à savoir. J'irai dans l'autre. Je ne tiens pas à couler moi

Il disparait au fond avec Fauvardier.)

MAUGINARD à Canardin qu'il a pris à part, bas.

Glissez adroitement, cette lettre à la demoiselle qui nous regarde en ce moment, (vivement) ne la regardez pas, puisqu'elle nous regarde !

CANARDIN, bas.

La grosse ?

MAUGINARD, vexé.

La... forte. Elle n'est pas grosse elle est forte ! vous mettrez cent francs de plus sur la note. (à part) Comme c'est mon gendre qui paiera.

CANARDIN, qui regarde si personne ne vient à lui.

C'est tout ! Il n'y en a plus, (avisant Virginie qui sort par le fond) oh... la forte qui s'en va. (Il court derrière Virginie.)

MAUGINARD, sortant, à part.

N'ayons pas l'air de remarquer... (indifférent) Poum poum, poum. (Il disparaît.)

MARION, qui a surveillé la sortie de chacun, bas à Yvonne.

Madame !

YVONNE, à Hélène.

Si l'on pouvait nous oublier !

MARION, plus fort.

Madame !

YVONNE, qui se retourne.

Ah ! C'est moi..? C'est juste, je ne suis pas encore habituée.., (avec un soupir.) Madame ...?

MARION.

Voici une lettre qu'on m'a remise pour vous.

YVONNE, sans prendre la lettre.

Qui cela ?

MARION.

Un jeune homme que je ne connais pas !.... Un beau jeune homme !

YVONNE, à la vue de Canardin qui paraît au fond, vivement.

Donnez. (elle prend la lettre.)

CANARDIN, à part, gagnant le 1er plan à droite.

Cent francs de plus pour la note. Les cent autres maintenant. (Il ouvre la porte et restant sur le seuil fait de grands signes à Marion.)

HÉLÈNE, bas, apercevant Isidore qu'a paru au fond.

Ton mari!

YVONNE, bas.

Non! c'est plus fort que moi! je ne peux pas m'y faire!

(Pendant ces deux dernières répliques, jeu de scène entre Marion, Isidore et Canardin, Marion a fait à Isidore un signe de menaces. — Isidore a indiqué à Marion la direction de Canardin qui n'a pas cessé d'appeler celle-ci par gestes variés. — Marion a rejoint Canardin, et sort avec lui par la droite. — Isidore est surpris par Yvonne et par Hélène au moment ou il fait un dernier signe à Marion).

ISIDORE, embarrassé.

Hum!

SCENE HUITIEME

ISIDORE, YVONNE, HÉLÈNE

YVONNE à Isidore.

Eh bien? qu'est-ce que vous faites là?

ISIDORE descendant galement.

Mais je viens vous chercher, ma chère amie... On n'attends plus que vous et Mademoiselle pour fendre l'onde amère.

YVONNE, haussant les épaules.

L'onde amère...

ISIDORE très aimable.

Elle le serait pour moi, si vous nous faussiez compagnie.

YVONNE.

Je vais cependant vous demander la permission de rester ici avec Hélène.

ISIDORE.

Ce ne serait pas convenable, ma chère amie. Vous vous devez à nos invités. Une noce sans la mariée; ce n'est plus une noce.

YVONNE.

Je le regrette.

ISIDORE.

Voyons ce n'est pas drôle. Il y a juste deux femmes parmi nous, vous nous les prenez.

YVONNE.

N'avez vous pas Madame Taupinois et Mademoiselle...

ISIDORE.

Muflardon ? Des tableaux de famille! Vous êtes bien bonne pour nous.

YVONNE, nerveuse.

Trêve de madrigaux ou d'épigrammes, Monsieur : je reste!

ISIDORE, élevant un peu la vo.x.

Pourtant!

YVONNE, vivement à Hélène.

Il me violente, maintenant, Dieu me pardonne, il me violente!

ISIDORE à Hélène.

Mademoiselle, je vous fais juge...

HÉLÈNE a Yvonne intercédant.

Voyons, ma chère Yvonne......

YVONNE, très animée.

Et le voilà, qui m'aliène ma meilleure amie!

ISIDORE, impatienté, plus fort.

Madame..!

YVONNE, vivement, éclatant.

C'est cela : battez-moi! Il ne vous reste plus qu'à me battre!

SCÈNE HUITIÈME

ISIDORE, qui la regarde un instant, ahuri, très calme, souriant.

Je vous vois venir, vous voudriez me faire mettre en colère. Vous n'y réussirez pas.

YVONNE.

Vraiment !

ISIDORE.

Je suis résolu à ne pas faire acte d'autorité.

YVONNE.

C'est fort heureux.

ISIDORE.

Jusqu'à ce soir du moins !

YVONNE, railleuse.

Ah ! ce soir.

ISDORE.

Si c'est utile (avec un petit air entendu). Espérons que non !

YVONNE à Hélène.

Qu'est-ce qu'il veut dire ?

HÉLÈNE

Je ne sais pas.

ISIDORE.

Alors, c'est bien entendu, vous ne venez pas ?

YVONNE.

Non, Monsieur.

ISIDORE.

Soit donc !

VOIX AU DEHORS.

La mariée ! la mariée ! la mariée !

ISIDORE s'adressant au dehors.

Voilà ! voilà ! (à Yvonne) Je vais vous excuser soyez tranquille. Seulemend dame... ce soir... (sur un mouvement d'Yvonne) Espérons que non ! (scandant et sortant) Espérons que non !

SCÈNE NEUVIÈME
YVONNE, HÉLÈNE

HÉLÈNE, avec un ton de reproche.

Commes tu le malmènes.

YVONNE remonte pour s'assurer qu'Isidore est bien parti.

Ah ! Je l'avais prévenu (ouvrant fiévreusement la lettre que lui a remise Marion. Avec transport) De lui, ma chère Hélène, c'est de lui !

AIR :

C'est de lui ma joie est extrême
Mon adoré s'est souvenu !
C'est bien de lui ! Mais, puisqu'il m'aime
Pourquoi, si tard est-il venu ?

1

Il m'écrit: Cher ange, j'espère
Etre aimé toujours... Dès demain
Si non plutôt, à votre père
J'irai demander votre main.
J'ai pu, me croyant oubliée
D'un autre homme accepter le nom
Me voilà pour jamais liée !
Oh ! pourquoi n'ai-je pas dit: non !
    C'est de lui, etc.

2

Mariée ! eh bien ! que m'importe !
Ce n'est pas moi qui l'ai voulu
L'autre...? que le diable l'emporte !
C'est lui ! Lui seul est mon élu
Quoi ! J'irais, pour un Isidore
Laissant mon pauvre cœur captif.
Immoler celui que j'adore ?
Non vrai, ça serait trop naïf !
    C'est de lui, etc.

SCÈNE NEUVIÈME

HÉLÈNE.

Mais que comptes-tu faire ?

YVONNE.

Sortir de ce mariage, le plus tôt possible.

HÉLÈNE.

C'est à peine si tu y es entrée.

YVONNE.

Justement ce ne doit pas être difficile à défaire.

HÉLÈNE.

Oh maintenant que tu as dit oui...

YVONNE.

Je l'ai dit si bas...!

HÉLÈNE.

Ça compte tout de même !

YVONNE.

Tu crois...?

HÉLÈNE.

Tu te rappelles bien Fanny, la petite Fanny qui était avec nous au pensionnat...!

YVONNE.

La grêlée.

HÉLÈNE.

Précisément.

YVONNE.

Eh bien ?

HÉLÈNE.

Elle a dit oui deux fois. Ça n'a compté que pour une. Les uns le disent un peu trop, les autres pas tout-à-fait assez...

YVONNE.

Çà balance (un temps). Enfin tu ne me fera pas croire que c'est sérieux ce mariage là ! Jadis quand j'étais toute jeune fille, le seul mot de mariage faisait défiler devant mes yeux tout un monde de splendeurs et d'élégances chevaleresques. Je voyais mon futur drapé dans un manteau superbe et coiffé d'un large feutre aux plumes altières. Ah je sais bien que ce n'était qu'un rêve, je te fais grâce du manteau superbe comme du large feutre... Mais pour Dieu qu'on donne une autre pâture à mes illusions que la vue de ces manches de chemises et de ces dos de gilets !... Un mariage cela ?.. Une mascarade tout au plus !

HÉLÈNE.

Ton mari n'est pas coupable de...

YVONNE.

Mon mari est coupable d'être mon mari. C'est plus qu'il n'en faut pour me le rendre odieux.

HÉLÈNE.

Tu le juges un peu sévèrement. Je le trouve moi fort aimable et non sans esprit.

YVONNE, vivement.

Le veux-tu ? Je te le donne ! Voilà qui arrangerait tout.

HÉLÈNE, souriant.

Merci ?

AIR :

Ton mari, ton mari vraiment
Est trop entré dans la carrière,
J'en veux un, qui, docilement
Suivra, pas à pas, la filière.
Elans, soupirs, pleurs, joies, espoirs,
Tout ce que l'amour psalmodie. | bis.
Que veux-tu ? moi, je tiens beaucoup à voir,
    Toute la comédie.

Un homme lorsqu'il fait sa cour,
Nous apparait soumis et sage.
Il se forme de jour en jour
Dans cet utile apprentissage.
Avec lui du matin au soir,
Au mariage on s'étudie. | bis.
C'est ainsi, que sans surprise, on peut voir
Toute la comédie.

YVONNE qui remonte.

Ah ! vois tu...

HÉLÈNE.

Où vas-tu ?

YVONNE.

Changer de costume d'abord.

HÉLÈNE.

Pourquoi faire ?

YVONNE.

Tu ne te rappelles donc pas ce qu'il m'écrit ! il est ici, il va venir !.. S'il me voyait habillée ainsi !...

HÉLÈNE.

Tu es folle !

YVONNE, prête à sortir.

J'aime !

HÉLÈNE, suppliante.

Yvonne ?

YVONNE, plus ardente.

J'aime !

HÉLÈNE.

Mais la noce... ?

YVONNE.

Qu'elle s'amuse !

HÉLÈNE.

Ton père...

YVONNE.

Qu'il se repente !

HÉLÈNE.

Ton mari...?

YVONNE s'élançant dehors, riant.

Puisque je te le donne !

SCÈNE DIXIÈME

HÉLÈNE, puis ISIDORE

HÉLÈNE, seule sur le seuil de la porte.

Yvonne! Yvonne: (un temps — redescendant) Elle est partie ! (un temps) Comment tout cela finira-t-il ? (un temps) Enfin, j'ai fait tout ce que j'ai pu pour la retenir, et l'on ne m'accusera pas de... (apercevant Isidore qui paraît au fond.) Monsieur Isidore.

ISIDORE, à part, entrant.

Papa m'a dit : A ta place je me méfierais d'Yvonne. Je me méfie ça me paraît un peu tôt, mais je me méfie. (Apercevant Hélène, haut.) Mademoiselle Hélène ?.. Seule.

HÉLÈNE, vivement, embarrassée.

Oh ! Yvonne va venir !.., Elle est... (désignant la gauche d'un geste indéfini.) Elle est là.

ISIDORE.

Ah ! elle est...

HÉLÈNE avec le même geste.

Là !

ISIDORE, à part.

C'est un peu vague. (un temps, se rapprochant d'Hélène) Vous êtes la meilleure amie d'Yvonne, vous?

HÉLÈNE.

Je le crois.

ISIDORE.

Et je suis certain qu'elle n'a pas de secrets pour vous.

HÉLÈNE.

Ah !... cela...

ISIDORE.

Elle n'en a pas..! (un temps) Voulez vous me rendre un grand service ?

HÉLÈNE.

Certes...

ISIDORE qui hésite.

Dites moi, si vous pensez.

HÉLÈNE.

Si je pense...?

ISIDORE.

Que ma femme me restera fidèle jusqu'à ce soir.

HÉLÈNE.

Oh ! Monsieur Isidore.

ISIDORE.

Non, voyez-vous, çà m'embêterait d'être trompé avant ce soir. (Vivement) Après, çà ne m'amuserait pas, mais avant, çà m'embêterait ! Alors vous croyez que je ne risque rien avant ce soir.

HÉLÈNE, vivement.

Je n'ai pas dit cela !

ISIDORE, vivement avec une grimace.

Hein ?

HÉLÈNE, vivement.

Je n'ai pas dit le contraire non plus !

ISIDORE.

Il faudrait s'entendre.

HÉLÈNE, très vite, se rapprochant du fond.

Aussi Monsieur, vous me demandez là des choses. « Je ne suis même pas très sûre de comprendre ce que vous me dites!.. » Non, Monsieur, non! Je n'en suis pas très sure! Je n'ai que dix-huit ans, moi, monsieur! Je sors de pension, de pension ou j'ai reçue une éducation des plus austères... Comment voulez-vous que je vous comprenne?

ISIDORE.

Cependant, mademoiselle.

HÉLÈNE, vivement avec une révérence.

Non, monsieur, non! Je ne vous comprends pas!.. Je regrette.
(Elle se sauve.)

SCENE ONZIEME

ISIDORE seul, puis VIRGINIE.

ISIDORE, qui reste un instant, abasourdi.

Oui parfait! (en scène.) C'est le genre d'Yvonne. Des nerfs!.., Un paquet de nerfs! (un temps.) En attendant, je ne sais absolument rien d'Yvonne (répétant le geste d'Hélène.) Elle est là... C'est très joli, mais on ne se conduit pas comme ça le jour de ses noces. » Tout à l'heure c'était les papillons, maintenant c'est... Tiens, mais au fait, qu'est-ce que c'est maintenant. (Remontant énergiquement) Ta! ta! ta! ta! Ça ne peut pas durer comme ça, (Il se cogne à Virginie qui entre.) Ah! oui! cela, il y avait longtemps!

VIRGINIE, qui tient une enveloppe de lettre — très agitée.

Je ne suis pas fâchée de vous rencontrer, Monsieur.

ISIDORE.

Rencontrer est le mot!

VIRGINIE.

Ce n'est pas vous que je cherchais pourtant.

ISIDORE.

Non? C'est le petit Mufle..?

SCENE ONZIEME

VIRGINIE, avec hauteur.

Quel mufle, s'il vous plait?

ISIDORE.

Votre neveu !

VIRGINIE, même jeu.

Mu...flar...don! Monsieur,

ISIDORE, vivement.

Ah! C'est vrai? Excusez-moi, je....

VIRGINIE, continuant.

Ce n'est pas lui non plus, c'est... Monsieur votre beau-père que je voulais voir.

ISIDORE.

Ah! Eh bien, voyez comme c'est drôle, si j'avais eu besoin de mon beau-père, c'est à vous que j'aurais été le demander.

VIRGINIE.

Je ne relèverai pas cette insinuation,

ISIDORE.

Mais madame....

VIRGINIE, vivement.

Oh ! C'en est une !

ISIDORE.

Si vous y tenez.....

VIRGINIE, montrant l'enveloppe d'une lettre.

Vous voyez cela?

ISIDORE, à part.

Tiens! une enveloppe pareille à celle que...

VIRGINIE, accentuant.

Vous voyez cela?..

ISIDORE.

Parfaitement.

VIRGINIE.

C'est Monsieur Mauginard qui me l'a fait parvenir.

ISIDORE, à part.

Eh bien, il n'y va pas de main morte le beau-père !...

VIRGINIE.

Que pensez-vous de Monsieur Mauginard ?

ISIDORE.

Je pense qu'il faut qu'il ait joliment du temps de reste !

VIRGINIE.

Plait-il ?

ISIDORE, vivement.

Je veux dire... je veux dire que... tous les goûts sont dans la nature.

VIRGINIE, agitant son enveloppe.

Envoyer ceci à une Muflardon !

ISIDORE.

Ah ! çà c'est une idée qui ne serait pas venue à tout le monde.

VIRGINIE.

Elle ne vous serait pas venue à vous..??

ISIDORE.

Pour sûr !

VIRGINIE.

Savez-vous seulement, ce qu'il y a là-dedans ?

ISIDORE.

Une épître, une épître brûlante ?..

VIRGINIE.

Ah bien oui, si c'était cela, j'aurais compris.

ISIDORE, à part.

Moi, pas !

SCENE ONZIEME

VIRGINIE, vidant l'enveloppe.

Tenez! deux billets de mille francs, avec ces mots : Ce n'est qu'un acompte.

ISIDORE, avec un soubressaut, à part.

Ma lettre à Marion ! Patatras !

VIRGINIE.

AIR :

Un acompte, un acompte à moi !
N'est-ce pas fait pour me surprendre ?
Un acompte, sur quoi, pourquoi ?
Qu'ai-je vendu ? Que puis-je vendre ?
Bien que naïve, je comprends
Toutes les ardeurs du jeune âge.
Pourquoi m'offrir deux mille francs ?
Ai-je besoin qn'on m'encourage ?
    Non certes la nature est là
    Qui parle haut, qui parle ferme.
    Et quand l'amour dit : me voilà
    Nul danger que mon cœur se ferme.

2.

Indulgente, le plus souvent
Tous les écarts je les pardonne,
Si je réprouve qui se vend,
Comme je comprends qu'on se donne !
L'amour, le fait est bien connu,
Ne vend pas les traits qu'il décoche
Puisqu'il va le fripon tout nu
Comment voulez vous qu'il empoche.

Voyez-vous la nature est là, etc.

ISIDORE, qui veut saisir les billets de banque.

Il doit y avoir erreur !

VIRGINIE, qui évite la main d'Isidore.

Du tout, voyez l'enveloppe ; Mademoiselle M... plusieurs points.

ISIDORE, même jeu.

Oui, je sais, mais ça ne fait rien, il y a erreur tout de même.

SCÈNE ONZIÈME

VIRGINIE.

Du reste, la personne qui m'a remis ceci...

ISIDORE.

L'aubergiste.

VIRGINIE.

Comment savez-vous ?

ISIDORE.

Je le suppose.

VIRGINIE.

L'aubergiste, en effet, m'a dit très nettement : De la part du père de la mariée.

ISIDORE, à part.

L'animal ! Il a donné la lettre de... à... Et la mienne... Animal ! Animal ! Animal !

VIRGINIE, qui arpente la scène, agitant les billets de banque.

Deux mille francs à une Muflardon !

ISIDORE, qui suit visant les billets.

C'est trop !

VIRGINIE, sans entendre.

Deux mille francs..!

ISIDORE.

Pour ce prix là on a autre chose.

VIRGINIE à Isidore.

Mais où est-il ? Où est-il ?

ISIDORE, manquant la main de Virginie.

Je ne sais pas.

VIRGINIE, avec émotion.

J'avais ouvert cela dans la barque, le sein palpitant.

ISIDORE, même jeu.

Pauvre sein !

VIRGINIE.

Mais l'indignation m'a fait bondir aussitôt.

ISIDORE, inquiet.

La barque n'a pas chaviré ?

VIRGINIE.

Non. Elle nous a ramenés immédiatement à terre où je comptais avoir une explication avec Monsieur Mauginard. Ah bien, oui ! disparu, monsieur Mauginard ! (Remontant.) Mais il faut que je le trouve !

ISIDORE, qui la suit.

Pourquoi faire ?

VIRGINIE.

Pour lui rendre cet argent qui me brûle.

ISIDORE.

Je veux bien me brûler à votre place.

VIRGINIE.

Merci... !

ISIDORE.

Je le lui rendrai.... Donnez... ?

VIRGINIE.

Vous n'auriez pas mon geste indigné...

ISIDORE.

Mais si..

VIRGINIE.

Ni mes accents de révolte.

ISIDORE.

J'aurai tous les accents que vous voudrez.

VIRGINIE.

Non, monsieur !

ISIDORE.

Mais si, mais si !

VIRGINIE.

Mais non ! (Soudain — dans un cri.) Ah !

ISIDORE, vivement.

Quoi donc ?

VIRGINIE, désignant la droite.

Là bas ! Lui ! (s'élançant dehors.) Lui !

ISIDORE, seul sur le seuil de la porte — appelant.

Mademoiselle ! Mademoiselle ! Elle va tomber ! (descendant.) Et si elle tombe, il faudra lui porter son dîner là bas ! (sautant sur Canardin qui paraît et le saisissant à la gorge.) Ah te voila misérable !

SCENE DOUZIEME

ISIDORE, CANARDIN, puis CÉLESTE ET ANGÉLIQUE

CANARDIN, qui se débat.

Monsieur, vous insultez un honorable commerçant, un notable ! Je suis du jury, Monsieur!

ISIDORE, qui le lâche.

Ah ! Alors...

CÉLESTE et ANGÉLIQUE, entrant de gauche 2ᵉ plan — ensemble

Qu'y a-t-il papa ?

ISIDORE, à part.

Bon, les jumelles ! (à Canardin.) Ne dites rien... Cent francs de plus pour la note !

CANARDIN, essoufflé à ses filles.

J'ai avalé.... J'ai failli avaler...

CÉLESTE et ANGÉLIQUE.

Quoi donc ?..

CANARDIN, qui cherche.

Mon..... Ma....

ISIDORE, qui vient à son aide, vivement

Sa langue!

CÉLESTE et ANGÉLIQUE, ensemble.

Oh!

ISIDORE.

Mais ce n'est rien... Nous l'avons rattrapée, (montrant la gorge.) La tenez; elle est là!

CÉLESTE et ANGÉLIQUE, ensemble.

Oh!

ISIDORE, qui examine Céleste et Angélique, à part.

Ce n'est pas possible... Elles ont un petit ressort pour elles deux. (à Canardin, bas) Renvoyez-les! Il faut que je vous parle.

CANARDIN, bas.

Mais...

ISIDORE.

Cent francs de plus sur la note.

CANARDIN.

Cela fait trois?

ISIDORE.

Parfaitement. (à part) Comme c'est mon beau-père qui paiera!

CANARDIN, haut.

Céleste! Angélique!

CÉLESTE ANGÉLIQUE, ensemble.

Papa?

ISIDORE, les regardant, à part.

Oh! C'est cela?

CANARDIN.

Retirez-vous.

CÉLESTE.

Veux-tu que nous allions un peu sur la berge?

SCÈNE TREIZIÈME

ISIDORE étonné, à part.

Tiens, non.

ANGÉLIQUE.

Nous n'avons pas bougé d'aujourd'hui.

ISIDORE, même jeu.

Ah ! ça fait drôle !

CANARDIN.

Soit, allez !

CÉLESTE et ANGÉLIQUE, sortant par le fond.

Merci, papa !

ISIDORE, à part.

Ça ne dure pas longtemps par exemple.

SCÈNE TREIZIÈME

ISIDORE et CANARDIN

CANARDIN.

Maintenant...?

ISIDORE, vivement.

Écoutez bien. Si la Muflardon ne tombe pas, elle finira par rencontrer mon beau-père...

CANARDIN, sans comprendre.

Ah !

ISIDORE,

Et si ma femme est là quand la Muflardon rencontrera mon beau-père... Gare la bombe ?

CANARDIN, même jeu.

Ah !

ISIDORE.

Vous ne comprenez pas? Vous ne comprenez pas que vous avez remis la lettre de Monsieur Mauginard à Marion et ma lettre à moi, à...

CANARDIN.

Pas possible!

ISIDORE.

Et que non seulement, je risque de perdre deux mille francs, mais que je suis en passe, si je ne ressaisis pas ma lettre, de voir mon intrigue, une intrigue absolument anodine, découverte, publiée, criée.

CANARDIN.

Ah bah!

ISIDORE.

Or, comme je ne suis pas déjà très bien avec ma femme.

OCTAVE, entrant en courant du fond.

Vous n'avez pas vu la demoiselle d'honneur?

ISIDORE.

Tiens! on vous a détaché?

OCTAVE, souriant.

Oui, oui. (un temps) La demoiselle d'honneur s'il vous plait.

ELVIRE, au dehors, appelant.

Jeune homme! jeune homme!

OCTAVE disparaît par le 1er plan de droite.

Déjà?

ELVIRE, qui paraît.

Le jeune homme? Où est le jeune homme?

ISIDORE, montrant le 2e plan gauche.

Là.

ELVIRE, disparaissant à gauche.

Merci.

CANARDIN, à Isidore.

Mais non. Ce n'est pas là qu'il est allé...

SCÈNE TREIZIÈME

ISIDORE, tranquillement.

Je sais bien. (vivement) Voyons ! faites quelque chose ! Cachez-moi, déguisez-moi, (illuminé) c'est ça ! déguisez-moi !

CANARDIN.

Je veux bien.

MAUGINARD, entrant en courant, essoufflé.

Ce n'est pas une femme ! c'est une furie ! (Il tombe sur un siège à gauche.)

ISIDORE à Canardin.

Mon beau-père filons ! (fausse sortie.)

MAUGINARD qui aperçoit Isidore, se levant.

Isidore (allant à lui) Ah ! mon ami, si vous saviez, je...

VIRGINIE, dehors, appelant.

Monsieur Mauginard ! Monsieur Mauginard !

MAUGINARD, rebrousse chemin et disparait vivement par le 1er plan gauche, à Isidore.

Je n'ai pas le temps ! plus tard !

VIRGINIE, paraissant au fond, respiration coupée.

Monsieur Mauginard...? Où est monsieur Mauginard..?

ISIDORE, désignant le 1er plan de droite.

Là !

VIRGINIE, disparaissant à droite.

Merci !

CANARDIN, à Isidore.

Mais non, c'est par là que.....

ISIDORE, tranquillement.

Je sais bien. (Entrainant Canardin.) Venez. (Il sort par le fond.)

SCÈNE QUATORZIÈME.

OCTAVE puis ELVIRE, puis MAUGINARD, puis VIRGINIE puis FAUVARDIER.

OCTAVE, qui passe la tête dans l'entrebaillement de la porte du 2ᵉ plan droite.

Elle est partie. (Il entre et referme doucement la porte.)

ELVIRE, même jeu à gauche.

Rien. (leurs portes respectives fermées — Elvire et Octave se retournent.

OCTAVE, apercevant Elvire, avec un sourire contenu.

Tiens je vous cherchais.

ELVIRE, railleuse.

En vérité !

OCTAVE, embarrassé.

Oui... Oui.., Je... Je vous cherchais !

ELVIRE, sévère.

En vérité !

FAUVARDIER, qui paraît au fond, regardant alternativement Elvire et Octave qui restent collés contre leur porte.

Eh bien ! Qu'est-ce que vous faites là ? Vous êtes vissés ?

OCTAVE, qui descend.

Pas moi.

ELVIRE, revêche à Octave.

Ni moi, Monsieur !

FAUVARDIER.

Ah ! tant mieux (Il descend au 1ᵉʳ plan gauche.)

ELVIRE, à Octave, sèche.

Votre bras, jeune homme.

SCENE QUATORZIEME

OCTAVE, s'efforçant de sourire.

Mais comment donc, madame, avec le plus grand plaisir !

ELVIRE.

Est-ce bien vrai ?

OCTAVE, sortant avec Elvire.

Si c'est vrai ! Si c'est vrai. Madame ! Mais ça l'est à un tel point que...
(Il disparaissent,)

FAUVARDIER, qui les regarde s'éloigner.

En voilà un qui sait mentir au moins.

MAUGINARD, qui entrouve doucement sa porte.

Elle est partie...?

FAUVARDIER, étonné.

Qu'est-ce que tu fais là, toi ?

MAUGINARD, qui referme doucement sa porte à la vue de Virginie qui paraît à droite.

Silence !

VIRGINIE, entrant.

Mystifiée ! Virginie Muflardon est mystifiée !

FAUVARDIER.

Grands dieux ! Mademoiselle. Quelle agitation !

VIRGINIE.

Je suis mystifiée, Monsieur (vivement.) Vous n'avez pas vu monsieur Mauginard.

MAUGINARD, (entrouvrant sa porte — bas.)

Non ! Non ! tu ne m'as pas vu...!

FAUVARDIER, à Elvire.

Mauginard.? Non mademoiselle, non !

VIRGINIE, qui remonte.

Je ne m'arrêterai que lorsque je ne pourrai plus souffler, (respirant bruyamment) Et je souffle encore. (Elle disparaît.)

MAUGINARD, qui risque une jambe en scène.

Enfin ! (il disparait vivement en entendant la voix de Virginie.)

VIRGINIE, revenant au fond.

Je souffle encore ! (elle sort)

SCENE QUINZIEME

MAUGINARD et FAUVARDIER

FAUVARDIER, qui va au fond et après un temps à Mauginard.

Tu peux sortir... Elle est loin.

MAUGINARD.

Tu es bien sûr...?

FAUVARDIER.

Bien sûr ! Ah ça, voyons, qu'est-ce que tu lui as écrit à cette vaste demoiselle.

MAUGINARD.

Je te l'ai dit, rien absolument rien qui puisse justifier sa fureur Une déclaration un peu passionnée peut être, mais tempérée par...

FAUVARDIER.

Par...?

MAUGINARD, après un temps.

Une promesse de mariage.

FAUVARDIER.

Rien qu'cela tu vas bien !

MAUGINARD.

On débute comme on peut, je n'étais pas pistonné moi.

FAUVARDIER.

C'est égal ! tu aurais pu choisir mieux, voyons !

SCÈNE QUINZIÈME

MAUGINARD.

Avec cela que Mademoiselle Muffardon!.. Elle a du piquant, du montant... Un peu nourrie, peut-être...

FAUVARDIER.

Trop, trop nourrie.

MAUGINARD.

Ah! tu sais, Madame Mauginard était maigre, alors...

FAUVARDIER, riant.

Gros séducteur, va, gredin de séducteur..!

MAUGINARD.

Moque-toi de moi..!

FAUVARDIER., railleur.

Par exemple.

MAUGINARD.

Si, si, je sais que tu ne me pardonnes pas d'avoir gagné la fameuse partie...

FAUVARDIER.

Oh! une manche tout au plus..!

MAUGINARD.

Une manche! Je l'admire. Il ne voulait pas du mariage, le mariage a eu lieu, et il appelle ça une manche, entêté va...

FAUVARDIER.

Rira bien, qui rira le dernier.

MAUGINARD.

Allons, tu ferais mieux d'être raisonnable, raisonnable et charitable.

FAUVARDIER.

Charitable?

MAUGINARD.

Sans doute, jadis.

FAUVARDIER, froidement.

Au sortir de l'enfance.

MAUGINARD.

Non, mais au sortir des bras de Madame Fauvardier, ce qui est tout un. Isidore t'a adopté, adopte-moi. Laissons ton fils faire souche d'honnête bourgeois, ce qui est de son âge, et amusons nous ce qui est du nôtre. Qu'est-ce que tu dis de cela?

FAUVARDIER, après un temps.

C'est à voir.

MAUGINARD, qui lui tend la main.

Bien !

FAUVARDIER, à part.

Mais quand j'aurai perdu la seconde manche. (On entend un bruit de voix et des éclats de rire au dehors.)

MAUGINARD, sursautant

Elle revient. (cherchant une issue, affolé.) Elles sont plusieurs. Une émeute ! Elle a soulevé les masses ! (Il disparaît par le 2e plan gauche.)

FAUVARDIER, restant derrière Mauginard.

Il faudra bien que tu finisses par la voir cependant.

SCÈNE SEIZIEME

ROSE, PAOLA, MERCÉDÈS, AMANDINE, ISIDORE en jardinier, CANARDIN, CÉLESTE, ANGÉLIQUE, puis YVONNE.

PAOLA, MERCÉDÈS, AMANDINE, ROSE, ensemble.

A boire! A boire!

CANARDIN, appelant.

Céleste ! Angélique !

CÉLESTE et ANGÉLIQUE, ensemble.

Voilà papa !

CANARDIN.

Donnez à boire à ces demoiselles.

CÉLESTE et ANGÉLIQUE, ensemble.

Oui papa..! (elles vont prendre des verres et des bouteilles sur le buffet et les portent sur la table.)

SCÈNE SEIZIÈME

ISIDORE, qui descend la rampe à gauche, une bêche à la main, au public.

Il m'a prêté les effets de son jardinier. Si quelqu'un me reconnait là-dessous.

ROSE.

Eh bien ! et la nouvelle...!

MERCÉDÈS

Tiens ! C'est vrai. Où est-elle passée ?

TOUTES, près de la porte du fond se faisant un porte-voix avec leurs mains.

Ho hisse !

YVONNE, entrant en canotière.

Voilà ! Voilà !

TOUTES, applaudissant.

Ah !

CANARDIN.

Il me semble que je l'ai vu quelque part ; cette petite là.

ISIDORE, à part, apercevant Yvonne.

Ma femme ! Ma femme en canotière !

PAOLA, donnant un verre à Yvonne.

A ta santé. (Elles boivent)

AMANDINE.

Et maintenant pour ta bien venue, une chanson.

TOUTES.

Oui, Oui !

ISIDORE, qui contrefait sa voix.

C'est cela !... Une petite chanson.

YVONNE.

Ça vous ferais plaisir, mon bonhomme.

ISIDORE, même jeu.

Eh oui, eh oui !

YVONNE.

Alors !

LE BAISER D'YVONNE

AIR :

Gros Pierre avec Suzanne allait
Vers la rivière, en droite ligne,
Suzanne avait pris le filet
Et gros Pierre portait la ligne.
C'était à.... je ne sais plus où !
Le nom n'y fait rien, ce me semble,
On voit, du reste, un peu partout
Les amoureux... pêcher ensemble.

REFRAIN :

Ça mord-il ! Çà ne mord pas. } bis.
Faudrait jeter plus d'appas : }
Çà mord-il ? Çà ne mord pas. | bis.

2.

On s'installe. On avait trouvé,
Naturellement un coin sombre.
Pierre disait... Là, c'est prouvé,
Les poissons vont venir en nombre,
Elle tremblait un peu, ma fois,
Cette pêche étant sa première,
Elle était là, se tenant coi.
Dame, elle attendait tout de Pierre.

Çà mord-il, etc.

3.

C'était un pêcheur peu commun,
Son calme était un stratagème,
L'instant d'après, il en prit un,
Puis un second, puis un troisième.
Ils en prirent tant ce jour là
Que pour préserver la rivière,
Suzanne dut crier : Hola !
C'est assez ne pêchons plus Pierre !

J' crois que ça mord, ça mord trop ! } bis.
Y a plus d'appats qu'il n'faut,   }
Ah ça mord ! Çà mord trop. | bis.

SCÈNE SEIZIÈME

(Parlé.) TOUS.

Bravo! Bravo! Bravo! (les canotières remontent à la table.)

ISIDORE, après les autres.

Ah bravo! Ah bravo! Bravo! Bravo! Bravo!

YVONNE, qui regarde attentivement Isidore.

Vous êtes content mon ami!

ISIDORE.

Ah! très, très, très content.

YVONNE.

Vous aimez donc beaucoup les chansons?

ISIDORE.

Quand elles passent par d'aussi jolies lèvres que les vôtres...

YVONNE, à part, une main sur le cœur.

Je suis certaine que c'est lui, (très émue à Isidore) c'est vous, n'est-ce pas?

ISIDORE.

Oui, Oh oui, ma belle demoiselle, c'est moi pour de sûr, c'est bien moi

YVONNE, heureuse.

Je vous ai reconnu sous votre déguisement.

ISIDORE, à part.

Qu'est-ce qu'elle dit?

YVONNE, à Isidore

Oh! qu'il est bon de se retrouver l'un près de l'autre,

ISIDORE, à part.

Se retrouver. Il paraît qu'on s'était trouvé déjà.

YVONNE.

Ecoutez bien. Ce soir aussitôt la nuit venue, je m'échapperai...

ISIDORE.

Pour..?..

YVONNE.

Pour aller vous rejoindre.

ISIDORE, vivement.

Où vous attendrai-je ?

YVONNE.

Au commencement de l'avenue qui conduit du pont au village.

ISIDORE.

Bien !

YVONNE.

A la nuit tombante?

ISIDORE.

Entendu !

YVONNE, qui dessine un mouvement de retraite, lançant un baiser discret.

Amour et prudence.

ISIDORE, l'arrêtant d'un geste.

Pardon ! (Yvonne se rapproche) Qu'est-ce que nous ferons dans l'avenue qui conduit du pont...

YVONNE.

Nous causerons d'abord.

ISIDORE, à part.

D'abord ! Hum ! (haut, hésitant) Est-ce que nous ne recommencerons pas.

YVONNE.

Quoi...?

ISIDORE, timide.

N'avons nous rien à recommencer...?

YVONNE.

Mais rien. (soudainement) Ah ! si, le baiser !

ISIDORE, vivement.

Juste ! (à part) Ouf ! Je respire !

YVONNE.

Si, si, nous le recommencerons, le baiser. (s'éloignant le doigt sur la bouche) A ce soir !

ISIDORE.

A ce soir, (traversant le théâtre, courbé sur sa bêche) je pense bien que nous le recommencerons ! Nous tâcherons même de le... corser un peu... (sortant à droite, voix naturelle) Eh ! bien ! comme cela ça m'est égal d'être trompé !

SCÈNE DIX-SEPTIÈME

Les mêmes, moins ISIDORE, plus HÉLÈNE et TAUPINOIS

TAUPINOIS, entrant.

Tiens des canotières, sans canotiers. (il se mêle au groupe)

HÉLÈNE, s'élançant sur Yvonne qu'elle reconnaît.

Mais tout le monde va te reconnaître ?

YVONNE, avec feu.

Qu'est-ce que cela me fait. Je l'ai vu, tu m'entends ? Je l'ai vu !

HÉLÈNE.

Déjà ! Comment est-il ?

YVONNE.

Oh ! ma chère amie... quel homme !

HÉLÈNE, vivement.

Vrai ?

YVONNE.

C'est bien autre chose que mon mari !

HÉLÈNE.

Cependant ton mari...

YVONNE.

Oh ! non, non.. Ma chère Hélène, tu diras ce que tu voudras ce n'est pas cela... Pas ça du tout.

FAUVARDIER, qui a ouvert doucement la porte du 1er plan gauche.

Pas la moindre Muflardon..,! Qu'est-ce que je te disais ?

MAUGINARD, entrant après avoir regardé.

C'est vrai. (apercevant Yvonne.) Ma fille ! Que signifie ?

TOUS, sur des tons différents après Fauvardier et Taupinois.

La mariée !

MAUGINARD.

Ou as-tu mis ta couronne.

YVONNE, timidement.

Je ne sais pas.

MAUGINARD.

Hum !

OCTAVE, entrant très vite suivi par Elvire.

Oh non ! J'en ai assez !

ELVIRE.

Jeune homme ! Jeune homme ! (elle continue à voix basse. Vive animation.)

TAUPINOIS, à part.

On dirait que cela se gâte par ici. (Il se rapproche d'Elvire et Octave.)

MARION, de droite, une lettre à la main.

Si je comprends un traitre mot à ce qu'il y a d'écrit.

ISIDORE, venant du fond radieux sans déguisement.

Est-ce qu'on ne va pas bientôt dîner. (Il se frotte les mains.)

MAUGINARD.

Ah oui « Vous pouvez vous frotter les mains » C'est gentil...

MAUGINARD, lui poussant le coude.

Vous ne pouviez pas attendre à ce soir ?

ISIDORE, au public.

Qu'est-ce qu'il me chante-là ?

YVONNE, à Hélène, regardant Isidore.

Ah non, vois-tu quand je le compare à l'autre !

(Virginie paraît au fond.)

SCÈNE DIX-HUITIÈME

TOUS LES PERSONNAGES DE LA PIÈCE

VIRGINIE, du fond sans bouger en 3 saccades.

Ah! Ah! Ah! (tous les regards se portent vers elle.)

MAUGINARD, à part.

Aïe !..

ISIDORE, à part

La tuile !

VIRGINIE, descendant à Mauginard qu'elle écrase d'un regard.

Ah! Ah! Ah! Ah! (un long temps à couver Mauginard comme si elle voulait s'élancer sur lui.) Voilà ma réponse. (Elle lui donne la lettre d'Isidore, passe dédaigneusement devant lui et va se placer près d'Octave.)

MAUGINARD, qui a regardé étonné le pli que lui a remis Virginie.

Deux billets de mille francs! Elle me donne deux billets de mille francs !

ISIDORE, à part.

Ça vaudrait cela !

MAUGINARD.

Et ce mot.

FAUVARDIER, qui regarde le papier que tient Mauginard.

Mais c'est l'écriture d'Isidore !

YVONNE, MAUGINARD, VIRGINIE, ensemble.

Isidore !

ISIDORE.

Pardon, je...

FAUVARDIER, vivement.

Je te dis que c'est ton écriture !

MAUGINARD.

Il écrit à des femmes !

FAUVARDIER.

Et il leur envoie de l'argent !

YVONNE.

Le jour de son mariage !

FAUVARDIER.

C'est un cas de divorce !

MAUGINARD, vivement.

Ah ! non !

FAUVARDIER.

Si fait ! si fait ! (bas) la seconde manche !

YVONNE, en crise.

Oh ! Oh ! Oh ! (elle tombe évanouie, à gauche.)

HÉLÈNE, se précipite sur Yvonne et lui frappe dans les mains.

Yvonne ! ma chère Yvonne !

YVONNE, qui ent'rouvre les yeux, bas.

C'est pour rire... Mais frappe tout de même !

ISIDORE.

Ah ! cela mais c'est épouvantable... C'est inique. (Il va dans la direction d'Yvonne.)

MAUGINARD, l'arrêtant, tragique.

Laissez-la mourir en paix !

ISIDORE, fiévreux.

Ah ! Vous m'ennuyez ! (Il passe et se trouve nez à nez avec Marion.

MARION, montrant sa lettre à Isidore.

C'est sérieux ce que vous m'écrivez là ?

ISIDORE.

Je ne sais pas ! Allez au diable ! (Il passe et se trouve face à face avec Virginie)

VIRGINIE, les yeux baissés, minaudant.

Alors,... vous m'aimez profondément...?

ISIDORE, avec un bond furieux.

Hein ! (allant tomber anéanti à droite). Oh ! papa ! ! ! pas cela !

RIDEAU.

LE BAISER D'YVONNE

ACTE TROISIÈME

A Paris, dans un hôtel de la rue du Havre. — Le salon d'un appartement. — A droite et à gauche 2ᵉ plan, porte conduisant à des chambres à coucher. — Porte au fond. — Table de milieu. — Sièges divers.

SCÈNE PREMIÈRE

LE COMMISSAIRE, JOSEPH.

JOSEPH, *ouvrant à deux battants la porte du fond et entrant, à demi voix.*

C'est ici, Monsieur le Commissaire.

LE COMMISSAIRE, *sur le seuil de la porte.*

Où est la femme ?

JOSEPH, *montrant la gauche, 2ᵉ plan.*

Là Monsieur le Commissaire. Elle s'est barricadée.

LE COMMISSAIRE.

Ah ! Et... l'homme.

JOSEPH, *montrant la porte de droite, 2ᵉ plan.*

Ici. Par exemple, il ne s'est pas barricadé lui ! Il ne fait qu'aller et venir !

LE COMMISSAIRE, *se retournant et s'adressant à quelqu'un qu'on ne voit pas.*

Restez-là et que personne ne sorte sans mon ordre. On peut entrer mais pas sortir ! (Il entre et dépose sa serviette sur la table, s'installant. Tout est calme pour le moment ?

JOSEPH, *qui a refermé la porte.*

Ah ! ça ne va pas durer longtemps allez ! Depuis une heure, voilà trois fois qu'il met la maison sans dessus dessous.

LE COMMISSAIRE, qui s'est assis.

Voyons : Précisez. A quelle heure se sont-ils présentés à l'hôtel ?

JOSEPH.

Vers minuit, Monsieur le Commissaire. L'homme était enveloppé dans un grand pardessus de fourrure.

LE COMMISSAIRE.

Un pardessus de fourrure, au mois de juillet ?

JOSEPH.

Oui ça m'a bien étonné un peu... (reprenant.) Et la femme était habillée en canotière. Elle est restée debout à l'entrée du bureau, pendant qu'il inscrivait les noms sur le registre : Isidore Fauvardier et sa dame ; venant de Croissy... trente ans et vingt ans ; rentiers. Je les ai conduits jusqu'à la porte de cet appartement... L'homme m'a donné cent sous, en me recommandant de ne venir le déranger sous aucun prétexte et je suis redescendu.

LE COMMISSAIRE.

Vous n'avez remarqué rien d'anormal pendant le trajet.

JOSEPH, qui n'a pas compris.

D'anor ?

LE COMMISSAIRE.

Mal. D'anormal, d'irrégulier, de louche enfin !...

JOSEPH, vivement.

Ah ! que si ! Ah ! que si ! Monsieur le Commissaire d'abord l'homme faisait tout son possible pour qu'on ne voit pas sa figure, et ce qu'il y a de plus drôle c'est qu'il semblait vouloir se cacher de la femme plus que des autres personnes. Ensuite, il était très nerveux et paraissait pressé d'arriver ici, tandis qu'elle au contraire, se montrait un peu hésitante... quand il m'a congédié, en me faisant la recommandation que je viens de vous dire, elle m'a jeté un regard... vous savez un de ces bons regards de mouton qu'on s'apprête à découper ?.. Mais ce qui m'a le plus surpris, c'est la pièce de cent sous.

LE COMMISSAIRE.

Parce que ?

JOSEPH.

Parce que jamais au grand jamais, monsieur le Commissaire, les gens mariés ne sont si généreux que ça. Cent sous de pourboire ! — Allons donc ! ça va jusqu'à vingt sous les gens mariés ! Et, encore, la première année.

LE COMMISSAIRE, avec une pointe d'impatience.

Au fait !.. Au fait !..

JOSEPH.

Eh bien ! voilà, monsieur le Commissaire : comme je vous le disais tout à l'heure, je suis redescendu mais j'étais à peine au bas de l'escalier que j'entends un bruit épouvantable venant d'ici... Des meubles renversés, une sorte de lutte, et dominant tout, les cris : Au voleur ! A l'assassin ! poussés par la femme. Je remonte, j'ouvre et j'aperçois là, devant cette porte l'homme, que la canotière avait expulsé et qui essayait d'entamer la muraille à coups de toutes sortes de choses. Ça s'est répété trois fois cette scène là, monsieur le Commissaire.

LE COMMISSAIRE.

Alors, pour l'instant le mari ?

JOSEPH, qui regarde au trou de la serrure du 2ᵉ plan de droite.

Est là qui se promène en gesticulant.... Les yeux lui sortent de la tête. (Revenant au commissaire.) Mais, pour moi voyez-vous, ce n'est pas le mari.

LE COMMISSAIRE.

Ah ?

JOSEPH.

Oh ! non !.. Un mari n'insisterait jamais tant que ça. « Tu veux ? ça va bien ! » — " Tu ne veux pas ? Bonsoir ! Je vais me coucher !. "

SCÈNE DEUXIÈME

Les mêmes, ISIDORE.

ISIDORE, entrant de droite, rapidement, l'air furibond, avec de grands gestes. Au public.

Non, non, non, non ! Mille fois non ! Je ne resterai pas tranquille ! Je suis le mari, que diable !

JOSEPH, bas au commissaire.

Le voilà.

LE COMMISSAIRE, un doigt sur la bouche.

Chut !

ISIDORE, continuant.

Il ne sera pas dit que je passerai ma nuit de noces sur le paillasson ! Ça serait trop ridicule, et puis non ! Quand même ça ne serait pas ridicule. Quand même il y aurait honneur et gloire à la passer ainsi, je ne veux pas, je ne veux pas ! D'abord... Je ne peux pas (Il s'élance vers la porte du 2ᵉ plan gauche.)

LE COMMISSAIRE, à Joseph.

Chut !

ISIDORE, qui s'est arrêté court devant la porte, après avoir dessiné un geste menaçant.

Et bien ! Non. Je vais essayer de la douceur. Je vais être calme, très calme. (Il frappe trois petits coups à la porte.)

YVONNE, au dehors — criant à tue tête.

Au voleur ! A l'assassin ! — A l'assassin ! Au voleur !

ISIDORE, au public

Voilà et j'ai frappé doucement !

LE COMMISSAIRE, frappant sur l'épaule d'Isidore.

Pardon monsieur, un mot.

ISIDORE, qui se retourne.

Qu'est-ce que vous faites là, vous ?

JOSEPH, avec emphase — Désignant le commissaire.

Monsieur le Commissaire de Police !

ISIDORE.

Vous êtes le commissaire de Police ? Ah ! Dieu soit loué ! Vous allez remettre les choses à leur place.

LE COMMISSAIRE.

Dites moi, d'abord monsieur, ce que vous voulez à la femme qui s'est enfermée là ; et qui ne s'y est probablement pas enfermée sans raison.

SCÈNE DEUXIÈME

ISIDORE, vivement.

Ce que je lui veux ? (souriant.) C'est pour plaisanter que vous me demandez ça ? — Si vous étiez un vieux commissaire, je comprendrais. Mais vous êtes jeune encore, plein de vigueur, plein de sève,...

LE COMMISSAIRE, sévèrement.

Je ne suis pas en cause ! Répondez à ma demande. Que voulez vous à la femme......?

ISIDORE, s'animant.

AIR :

C'est ma femme, monsieur, ma femme !
Elle a vingt ans, Monsieur, vingt ans !
Moi j'en ai trente, et, sur mon âme,
On n'a pas les sens plus bouillants
Marié, par devant le Maire,
Je croyais, ce sont mes seuls torts,
N'être pas un ogre, un corsaire,
Pour embrasser ma femme. Alors.

REFRAIN.

J'ai voulu, monsieur le commissaire,
J'ai voulu... non ! mieux vaudrait le taire,
J'ai voulu (ter)... ce n'est pas votre affaire !
Allez lui demander ce que j'ai voulu faire !

LE COMMISSAIRE.

Pardon ! Monsieur, pardon....

ISIDORE.

Que me reproche-t-elle, en somme ?
Trop de fougue dans mon amour ?
A moins de ne pas être un homme,
On est ainsi le premier jour.
Ce n'est pas supplice ordinaire ;
Tentale ! Un enfant près de moi !
Ce que j'ai là c'est un cratère
Je vais éclater ! C'est pourquoi...

J'ai voulu, etc.

LE COMMISSAIRE.

Vous êtes marié depuis longtemps ?

ISIDORE.

Depuis midi monsieur le commissaire.

LE COMMISSAIRE.

Ne plaisantons pas, je vous prie. Depuis combien de temps êtes vous marié?

ISIDORE, qui tire sa montre

Au juste, Monsieur le commissaire, au juste, au juste... Depuis treize heures, treize minutes et....

LE COMMISSAIRE.

Ainsi, vous avez la prétention de me faire croire que c'est hier...

ISIDORE.

Hier, parfaitement, à Croissy.

LE COMMISSAIRE,

Vous habitez Croissy ?

ISIDORE.

L'été. Nos pères respectifs ont là bas des propriétés limitrophes.

LE COMMISSAIRE.

Et c'est dans une chambre d'hôtel, rue du Havre, à Paris, que vous venez passer votre nuit de noces?

ISIDORE.

Je vais vous dire, sans Mademoiselle Muflardon... Vous ne la connaissez pas, Mademoiselle Muflardon ? Non, c'est dommage. Une bien jolie personne allez! Large comme ça.

LE COMMISSAIRE.

Passons ! Passons !

ISIDORE.

Eh bien, voilà, c'est Mademoiselle Muflardon qui est cause de tout. Elle avait reçu ma lettre... avec mes deux mille francs. (vivement) Ils n'étaient pas pour elle les deux mille francs ! Vous pensez bien Monsieur le Commissaire, que ce n'est pas moi qui irais donner deux mille francs à Mademoiselle Muflardon ?

LE COMMISSAIRE impatienté.

Après, après ?...

ISIDORE, qui classe ses idées.

Après ? Mon Dieu après... çà a tout embrouillé. Ma femme s'est évanouie... On a parlé de divorce... j'ai envoyé la Muflardon au diable et puis... on a dîné. Oui, on a dîné, tout de même. A neuf heures ma femme s'est levée de table pour aller à son rendez-vous, j'en ai fait autant pour aller au mien, et comme c'était le même...

LE COMMISSAIRE.

Le même ? Vous aviez un rendez-vous avec votre femme ?

ISIDORE.

Oui. C'est elle qui me l'avait donné.

LE COMMISSAIRE.

Vous avouerez que cela est au moins étrange.

ISIDORE.

Ah! oui, mais voilà... c'était moi, et ce n'était pas moi !

LE COMMISSAIRE.

Ah! çà qu'est-ce que vous me chantez là?

JOSEPH, à part.

Il est un peu... (Il se frappe le front pour indiquer la folie.)

ISIDORE.

C'était le jardinier.

LE COMMISSAIRE.

Votre femme avait des relations avec un jardinier.

ISIDORE.

Le jardinier c'était moi.

LE COMMISSAIRE.

Vous ?

ISIDORE.

Oui, seulement ce n'était pas moi. (sur un mouvement du commissaire) Vous ne me comprenez pas ? c'est pourtant bien simple.

LE COMMISSAIRE.

Laissons cela Nous n'en sortirons pas. Dites moi plutôt comment il se fait que, le jour même de son mariage, votre femme qui, je veux le croire, avait tous les droits au costume traditionnel.

ISIDORE, vivement.

Ah! pour çà, oui, monsieur le Commissaire; elle les avait! et c'est même parce qu'elle les a encore que... (Il pousse un long soup'r et roule des yeux furibonds en regardant la porte d'Yvonne.)

LE COMMISSAIRE

Pourquoi, alors, la trouvons-nous vêtue en canotière?

ISIDORE.

Une fantaisie. Elle est fantasque.

LE COMMISSAIRE.

Se déguiser le jour de son mariage...

ISIDORE.

Ah! c'est moins rare que vous ne croyez.

LE COMMISSAIRE.

Enfin, vous même? Ce veston? Ce n'est pas une tenue de marié cela.

ISIDORE.

Eh bien, si vous voyiez les autres!.. son père, mon père, le petit mufle... Ils sont tous en manches de chemise les autres.

JOSEPH, à part.

Eh bien! ça ne doit pas être drôle.

ISIDORE, au Commissaire.

Çà, c'est la faute à l'écriteau.

LE COMMISSAIRE.

Quel écriteau?

ISIDORE.

Prenez garde à la peinture! il avait oublié de le poser.

LE COMMISSAIRE.

Qui cela?

ISIDORE.

Le jardinier.

SCENE DEUXIEME

LE COMMISSAIRE.

Vous alors ?

ISIDORE.

Comment ça, moi ?

LE COMMISSAIRE

Puisque c'est vous le jardinier !

ISIDORE.

Ah ! mais non ; pas celui-là : un autre.

LE COMMISSAIRE.

Il y en a deux ?

ISIDORE.

Oui. Il y a celui de monsieur Maugirard...

LE COMMISSAIRE.

C'est vous ?

ISIDORE.

Non, c'est mon beau-père.

LE COMMISSAIRE.

Comment votre beau-père est jardinier ?

ISIDORE.

Mais non. Je vous dis : monsieur Mauginard, c'est mon beau-père reprenant Et puis il y a celui du gargottier.

LE COMMISSAIRE.

C'est vous alors ?

ISIDORE.

Mais non, c'est le père des jumelles !

LE COMMISSAIRE, qui se lève avec impatience.

Le gargottier, votre beau-père, les jumelles... Vous mêlez tout cela.

ISIDORE.

Ah ! pardon ! monsieur le commissaire. Ce n'est pas moi, c'est vous.

LE COMMISSAIRE allant à la porte d'Yvonne.

Je vais interroger votre femme. Peut-être en obtiendrai-je des renseignements plus clairs.

ISIDORE, qui s'élance

Enfin ! je vais la voir.

LE COMMISSAIRE.

Pardon ! veuillez vous tenir là bas. De l'autre côté de la table. (Quand Isidore a pris la place indiquée) Bien. (à Joseph) Maintenez-le, à l'occasion.

JOSEPH.

Soyez tranquille, monsieur le commissaire.

ISIDORE, qui commence à retrousser les manches de son veston, à Joseph.

Oh ! toi !...

LE COMMISSAIRE, qui a remarqué le geste d'Isidore.

Du reste, je vous préviens que si vous faites la mauvaise tête, je vous fais conduire immédiatement au poste par les deux agents qui sont là, dans l'antichambre.

ISIDORE, qui remet sa manche en place, à part.

Fichtre !

LE COMMISSAIRE.

Ainsi !.. (Il se rapproche de la porte d'Yvonne et frappe plusieurs coups modérés.)

YVONNE, au dehors à tue tête.

Au voleur ! A l'assassin ! A l'assassin ! Au voleur !

LE COMMISSAIRE, tout près de la porte.

Ne criez pas madame ! Je suis le commissaire de police.

YVONNE.

Oui, oui ! Ah ! Je la connais celle-là !

LE COMMISSAIRE.

Je vous assure madame.

YVONNE.

Puisque je vous dis que je la connais ! Croyez-moi, ne perdez pas votre temps, Allez vous coucher.

ISIDORE, à part.

Elle envoie coucher le commissaire.

LE COMMISSAIRE, élevant un peu la voix et frappant de nouveau.

Mais Madame !

YVONNE, même jeu.

Au voleur! A l'assassin! A l'assassin! Au voleur!

ISIDORE.

Eh bien! Monsieur le commissaire vous voyez? Non mais vous voyez?

LE COMMISSAIRE, qui regarde Isidore.

Je vois... Je vois qu'il y a autre chose qu'une résistance conjugale.

ISIDORE.

Mais non je vous assure.

LE COMMISSAIRE, sévèrement.

C'est bien, (se rapprochant de la porte.) Voyons madame vous connaissez bien la voix de votre mari?

YVONNE, railleuse.

Oui, sans doute, Je connais aussi la voix du jardinier.

LE COMMISSAIRE.

Encore le jardinier!...

ISIDORE.

C'est moi seulement.

LE COMMISSAIRE, vivement.

Ah! non. Ne recommençons pas!

ISIDORE.

Comme vous voudrez.

LE COMMISSAIRE, à Yvonne.

Tenez! je recule de quelques pas regardez par le trou de la serrure (Il se place à trois pas de la porte. Un silence.)

YVONNE, après un temps.

Tiens! c'est vrai.

LE COMMISSAIRE, se rapprochant.

Maintenant, vous ne refuserez pas, j'espère de?...

YVONNE.

Non certes. Le temps de retirer les quelques objets que j'ai placés contre la porte.

LE COMMISSAIRE, ISIDORE et JOSEPH, ensemble.

Ah!

(On entend au dehors le bruit de plusieurs meubles que l'on déplace.)

YVONNE, au bout d'un instant.

Encore une minute, monsieur le commissaire ; je n'ai plus qu'un fauteuil, quelques chaises et la pendule. (le bruit recommence.)

ISIDORE, au commissaire.

Croyez-vous qu'elle fait bien les choses ?

JOSEPH, à part.

Quel remue ménage ! je n'aurai pas volé mes cent sous !

YVONNE, ouvrant sa porte et paraissant avec un sourire.

Voilà, monsieur le commisssaire. C'est fait.

SCENE TROISIEME

YVONNE, ISIDORE, le COMMISSAIRE, JOSEPH.

LE COMMISSAIRE, saluant, aimable.

Madame (avec un regard sur Isidore à part) Diable je comprends que...

ISIDORE, qui veut s'élancer et que Joseph retient.

Yvonne ! Yvonne !

YVONNE, qui lance un regard de défi à Isidore et qui prend aussitôt un air souriant pour saluer le commissaire.

Monsieur !

LE COMMISSAIRE, à Yvonne.

Je vous demande pardon, madame, de m'être permis de troubler votre sommeil !...

YVONNE.

Oh ! je ne dormais pas monsieur !

LE COMMISSAIRE, continuant.

Mais vous aviez vous même à plusieurs reprises troublé le sommeil d'autrui par vos appels... peut-être justifiés.

YVONNE, vivement.

Pas peut-être, monsieur ! Assurément, assurément justifiés.

SCÈNE TROISIÈME

AIR :

1

Avant même qu'on m'ait fleurie
Avant l'église et la mairie,
Sans rien prévoir de tout cela,
J'ai dit à monsieur que voilà :
Si vous avez l'humeur jalouse,
Refusez, car je vous épouse,
Vous qui vous croyez mon vainqueur
Avec un autre amour au cœur.

REFRAIN

Mais monsieur l'orgueil en personne
M'a tout simplement répondu :

Imitant Isidore.

Elle est bonne ! Elle est bien bonne !
N'insistez pas. C'est temps perdu.
Elle est bonne, c'est entendu,
Elle est bien bonne.

2

Je pensais sous mon frêle voile,
J'aurai l'heure où brille l'étoile
Pour rêver à mon cher amour.
A l'autre suffira le jour.
Mais voilà qu'il se met en tête
De pousser plus loin la conquête,
Et, non content du jour qui fuit,
De rester près de moi... la nuit

Au commissaire

N'est-il pas l'audace en personne
Le ciel en reste confondu.

A Isidore

Elle est bonne ! etc.

ISIDORE, qui veut passer et que Joseph retient.

C'est possible ! mais moi, je la trouve mauvaise !

YVONNE.

Enfin monsieur le commissaire ai-je raison ?

LE COMMISSAIRE, qui prend des ménagements.

Et ! madame... il est évident que monsieur votre mari.. le mariage comporte des obligations....

ISIDORE, brave.

Certainement qu'il en comporte !

LE COMMISSAIRE.

De second ordre pour certaines natures...

ISIDORE, même jeu.

Et de premier ordre, pour certaines autres. (Vivement) J'en suis, moi, j'en suis des certaines autres !

YVONNE, au commissaire.

Alors monsieur, j'ai tort ?

LE COMMISSAIRE, embarrassé.

Mon Dieu, madame... oui et non. Je n'ai pas à apprécier du reste... Le Législateur...

ISIDORE.

Le Législateur a dit : La femme doit obéissance à son mari.

YVONNE.

Le jour c'est possible.

ISIDORE.

Le jour et la nuit.

YVONNE.

Allons donc ! Où a-t-il dit cela votre législateur ?

ISIDORE.

Je ne sais pas, mais il l'a dit. D'une façon générale peut-être, sans préciser...

YVONNE.

Alors c'est facultatif.

ISIDORE.

Je vous demande bien pardon, madame, ce n'est pas facultatif.... au commissaire) Mais dites-lui donc que ce n'est pas facultatif. (sur un mouvement du commissaire) C'est votre devoir, oui, monsieur le commissaire, votre devoir et d'obliger madame à...

LE COMMISSAIRE, achevant.

A ne plus causer de scandale par des cris, d'ailleurs, peu en situation.

YVONNE, vivement.

Peu en situation ? comment cela ?

LE COMMISSAIRE, souriant.

Il est bien certain, n'est-ce pas, que monsieur n'est ni un voleur ni un assassin.

YVONNE.

Sans doute. Mais il n'est pas moins vrai que j'ai tout à craindre d'un homme qui le jour où il se marie, envoie des liasses de billets de banque à une demoiselle de trente-cinq ans.

ISIDORE, à part.

Oh ! trente-cinq !...

LE COMMISSAIRE, à Isidore.

Est-ce exact ?

ISIDORE.

Quarante au moins.

LE COMMISSAIRE.

Vous avez envoyé quarante liasses de billets de banque ?

ISIDORE.

Mais non ! à part Je ne sais pas ce qu'il a, il comprend tout de travers !

YVONNE, reprenant.

Et puis ce pièce, ce piège odieux dans lequel, bêtement je suis venue donner de la tête !

ISIDORE, riant

Ah ! ça par exemple !

LE COMMISSAIRE, à Isidore, sévère.

Qu'est-ce que c'est que ce piège ?

ISIDORE, gaiement

Le Jardinier.

LE COMMISSAIRE

Encore !

ISIDORE

Toujours ! Pas celui à l'écriteau ! Celui du père aux jumelles ! Tant que j'en ai eu besoin, je m'en suis servi. Après cela : pstt .,. je l'ai supprimé.

LE COMMISSAIRE.

Vous avez supprimé le jardinier ?

ISIDORE.

Tranquillement.

JOSEPH, reculant d'un pas

Oh !

LE COMMISSAIRE

Et... où avez vous accompli cette suppression ?

ISIDORE

Là bas. A Croissy. Parceque pour le voyage, il fallait autre chose que le jardinier... Il était usé le jardinier. Je l'ai remplacé par un amoureux presque muet... Correct,... mais presque muet. Sans cela ma femme ne m'aurait pas suivi à Paris.

LE COMMISSAIRE.

Et... Qu'est devenu cet amoureux correct...?

ISIDORE.

Comme il ne m'était utile que jusqu'à Paris, en arrivant ici : pstt ! je l'ai supprimé.

LE COMMISSAIRE.

Encore ?

SCÈNE DEUXIÈME

ISIDORE.

Toujours ! Ah ! je suis comme ça, moi !

JOSEPH.

Oh !

LE COMMISSAIRE, à Yvonne

Je comprends maintenant vos appréhensions madame.

YVONNE

N'est-ce-pas ?

LE COMMISSAIRE.

Et je vais faire en sorte que vous n'ayiez plus à redouter les obcessions de ce... misérable...

ISIDORE, qui sursaute

Hein ?

YVONNE avec un regard de compassion à Isidore

Misérable est peut-être un peu dur, Monsieur le Commissaire.

LE COMMISSAIRE.

Non madame, non ! (à Joseph montrant le 2ᵉ plan à droite.) Sa chambre est là, n'est-ce pas ?

JOSEPH.

Oui, monsieur le commissaire.

LE COMMISSAIRE.

Eclairez moi. (à Yvonne.) Ne craignez rien madame.... Le temps de me livrer à une perquisition nécessaire, du reste on fait bonne garde de ce côté, et nous mêmes à votre premier appel.....

YVONNE.

Oh ! Mais je n'ai pas peur monsieur le commissaire. Ici je n'ai pas peur !...

LE COMMISSAIRE, à Isidore lentement.

Je crois que votre affaire est bonne.

ISIDORE.

Mon affaire? Quelle affaire ?.....

LE COMMISSAIRE, qui gagne à droite.

Oui, oui, allez toujours!

ISIDORE, qui suit le commissaire.

Non, mais pardon! Vous me menacez! Je n'aime pas ça du tout, moi! Faites-moi mettre en prison pendant que vous y êtes.

LE COMMISSAIRE.

Patience, ça va venir.

YVONNE, émue.

Oh! monsieur le commissaire....

ISIDORE, lui même.

Ça va venir (descendant au public) Ah! bien, non, elle dure trop longtemps celle-là.

LE COMMISSAIRE, à Joseph.

Allons.

JOSEPH, qui a pris une bougie sur la table, allant ouvrir.

Je vous montre le chemin (il sort).

LE COMMISSAIRE, sur le seuil de la porte, à Yvonne.

Au plus petit cri, madame au moindre appel nous accourons.

YVONNE, même jeu que précédemment.

Je vous remercie, monsieur le commissaire. Mais vous savez... la prison? Oh! non dites? pas la prison?

LE COMMISSAIRE, sortant.

Si ce n'était que ça.

ISIDORE, avec un soubresaut.

Comment si ce n'était que ça! Qu'est-ce qu'il veut donc de plus? ma tête? (s'élançant et s'arrêtant devant la porte fermée) Si c'est ma tête que vous voulez, faut le dire.

SCÈNE QUATRIEME

ISIDORE, YVONNE.

YVONNE, inquiète.

Ce n'est pas sérieux, n'est-ce pas ? Vous n'avez rien fait pour aller en prison ?

ISIDORE, ahuri.

Moi ? non ! Je ne crois pas !... Je ne sais pas !..

YVONNE.

Cependant ?

ISIDORE.

Non, j'ai beau chercher... Je ne vois rien. Mais c'est égal, il doit y avoir quelque chose... du moment où il le dit... Il s'y connait mieux que moi le commissaire.

YVONNE.

C'est qu'il avait l'air sûr de son fait.

ISIDORE.

Ah ! mais oui très sûr !

YVONNE.

De quoi pouvez-vous bien vous être rendu coupable ?

ISIDORE, après un temps.

Je ne vois qu'une chose. Oh ! mais de celle-là, par exemple, je me suis rendu bien coupable !

YVONNE.

Cette chose c'est ?...

ISIDORE, un nouveau temps.

C'est... (avec feu) de vous aimer.

YVONNE.

Monsieur...

ISIDORE, vivement.

Oh! Ne cherchez pas! Il n'y a que cela. Et quand même il y aurait autre chose il n'y a que cela encore puisque sans cela je ne vous aurais pas imploré, vous n'auriez pas appelé à l'aide et... le commissaire ne serait pas venu.

YVONNE.

C'est vrai pourtant.

ISIDORE.

Enfin que voulez-vous?.. J'irai en prison!..

YVONNE, émue.

Oh!

ISIDORE, plus attendri.

A l'échafaud.

YVONNE, plus émue.

Oh!

ISIDORE, avec un sanglot.

Et peut-être plus loin!

YVONNE, crescendo.

Oh!

AIR.

1

Je vous ai, sotte écervelée
Malmené souvent. C'est égal,
Je serais monsieur désolée
Que l'on vous fît le moindre mal
Si votre douleur est touchante
Mes regrets sont de bon aloi
Au fond, je ne suis pas méchante
Monsieur pardon! Pardonnez-moi

2

Je deviens tout à coup morose
Ce n'est pas certes, sans raison!
Quoi! J'aurais fait si laide chose
Pour moi vous iriez en prison?

SCÈNE QUATRIÈME

Voyez cette larme qui brille
Il est sincère, mon émoi !
Je ne suis pas méchante fille
Monsieur, pardon ! Pardonnez-moi

ISIDORE, avec élan.

Vous pardonner ?.. Ah ! je crois bien que je vous pardonne ! (ébauchant un geste et s'arrêtant court.) D'abord c'est bête comme chou, ce que je dis là !... Je n'ai rien à vous pardonner ! Au contraire.

YVONNE.

Oh ! si.

ISIDORE.

Mais non.

YVONNE.

Si fait, si fait !

ISIDORE, élevant la voix.

Je vous dis que non ! C'est moi qui suis un maladroit, un animal une brute !

YVONNE, vivement.

Oh !

ISIDORE.

Oui Madame, une brute. Vous ne m'avez pas pris en traître, n'est-ce pas ? Je le savais que vous en aimiez un autre ?... Je devais me retirer ! Au lieu de cela qu'ai-je fait ? Je me suis implanté moi ! Allez ! va donc ! — vous en prendrez de l'Isidore. Vous en prendrez malgré vous ! — Comme c'est malin !

YVONNE.

Vous vous exagérez...

ISIDORE.

Je ne m'exagère rien du tout, je l'ai méritée la prison.

YVONNE, suppliante.

Monsieur !

ISIDORE.

Certainement que je l'ai méritée ! — Il s'y connait le commissaire ! — Il n'avait pas tous les torts en réclamant ma tête... (avec véhémence.) Eh bien ! prenez-la monsieur le commissaire prenez-la.

YVONNE, même jeu.

Je vous en prie....

ISIDORE, qui s'attendrit.

Non! J'aime mieux ça. Qu'il la prenne ! Au moins.... après.... Je pourrai peut-être.. oublier.

YVONNE, très douce lui prenant la main.

Oublier quoi ?

ISIDORE.

Que je vous aime... sans espoir. (avec un sanglot.)

YVONNE.

Voyons ! voyons ! monsieur Isidore !

ISIDORE, même jeu.

Non! Oh! non! J'aime mieux mourir! Comme ça vous serez veuve. Ça ne sera pas drôle pour moi, mais vous serez veuve ! Et vous pourrez vous remarier... avec... l'autre.

YVONNE, vivement.

Mais qui pense à l'autre.

ISIDORE.

Vous.

YVONNE.

Pas en ce moment, je vous assure (sur un mouvement joyeux d'Isidore vivement) je vous vois si malheureux.

ISIDORE, déçu

Ah ! ce n'est que pour ça. (même jeu que précédemment) J'aime mieux mourir.

YVONNE, vivement

Et bien ! non ! non.,. Ce n'est pas que pour cela.

ISIDORE, joyeux.

Vous m'aimeriez ?...

YVONNE, vivement.

Pas encore, mais... (plus bas baissant les yeux) Ça peut venir !

ISIDORE, l'enlaçant.

Ah ! (il l'embrasse.)

YVONNE, qui veut se dégager.

Monsieur !..

ISIDORE, vivement.

Ne criez pas le commissaire.

YVONNE, qui se rapproche résignée.

C'est vrai.

ISIDORE, qui l'embrasse de nouveau.

C'est qu'il viendrait le commissaire! (il l'embrasse) Il viendrait chercher ma tête (il l'embrasse) Le voila tenez, (il l'embrasse) Il vient !

YVONNE.

Fuyons.

ISIDORE.

Ce n'est pas possible ? Il y a des agents partout

YVONNE, avec élan

C'est que je ne veux pas,

ISIDORE, achevant

Qu'on prenne ma tête ? Moi non plus. . . Je n'ai que celle-là !

YVONNE, qui va d'une porte à l'autre.

Où aller ? Que faire ?

ISIDORE, avec un soupir.

Ah! Il n'y a que votre chambre....

YVONNE, hésitante

Ma chambre ?

ISIDORE, vivement.

La! personne ne viendrait me chercher. Après votre équipée de ce soir.

YVONNE, qui hésite encore.

C'est que...

ISIDORE.

On vient.

YVONNE, qui s'élance dans sa chambre se cache le visage dans les mains.

Ah! ma foi tant pis !

ISIDORE, s'élance derrière Yvonne, au public.

Allons donc.

SCÈNE CINQUIÈME

MAUGINARD, FAUVARDIER, avec leurs redingotes tachées de vert.
Un bougeoir à la main.

MAUGINARD, au fond.

Ma foi monsieur l'agent, moi, je ne sais pas! On nous a dit que le garçon était au neuf. (Il entre.)

FAUVARDIER, entrant.

Nous venons au neuf. (La porte se referme.)

MAUGINARD, regardant autour de lui.

Eh bien! non. Il n'y est pas.

FAUVARDIER.

Non. (soudainement gagnant la porte du 2ᵉ plan à droite.) Attends donc on cause là dedans ! (Il se baisse pour regarder par le trou de la serrure.) Il est là ! Avec un gros Monsieur !

MAUGINARD, qui retire sa redingote.

Le commissaire de police sans doute.

FAUVARDIER, toujours baissé.

C'est probable. Ah c'est drole !

MAUGINARD.

Quoi donc ?

SCÈNE CINQUIÈME

FAUVARDIER..

Ils sont entrain d'examiner un pardessus de fourrure, j'ai rencontré ce pardessus là quelque part. (se redressant.) Pourquoi as-tu retiré ta redingote?

MAUGINARD.

Parce que j'ai vu du vert sur la tienne.

FAUVARDIER.

Oh ! c'est juste ! Il fait clair ici ! (Il retire sa redingote.)

MAUGINARD.

Vois-tu mon vieux, je crois que nous aurions mieux fait de rester à Croissy. Tu nous a lancés là dans une aventure.

FAUVARDIER.

Ne devions-nous pas suivre la piste de nos enfants autant qu'il était en notre pouvoir. Du reste, quand on nous a dit à la gare de Chatou, qu'ils avaient pris un billet pour Paris, quel a été l'avis général !

MAUGINARD.

Tu vois où cela nous a menés. Depuis que nous sommes ici, nous avons fouillé dix-sept hôtels.

FAUVARDIER.

Ce n'est pas assez!

MAUGINARD.

Oh ! voyons ! C'est toi qui a proposé qu'on s'arrête.

FAUVARDIER.

Mademoiselle Muflardon ne pouvait plus souffler.

MAUGINARD.

Enfin ! (un temps s'asseyant à gauche.) C'est égal on ne pourra pas dire que nous sommes poltrons! Nous risquer dans un appartement ou l'on assassinait il y a une heure.

FAUVARDIER, qui s'assied à droite.

Oh ! moi je n'ai jamais eu peur.

MAUGINARD.

Ni moi.

(La porte de droite s'ouvre avec bruit le Commissaire et Joseph paraissent.)

MAUGINARD et FAUVARDIER, qui se lèvent, tremblant.

Qui va là?

SCENE SIXIEME

Les mêmes, le COMMISSAIRE, JOSEPH.

LE COMMISSAIRE, à part.

Qu'est-ce que c'est que ceux-là.

MAUGINARD et FAUVARDIER, ensemble à part.

Le Commissaire.

(Jeu de scène. Mauginard et Fauvardier se confondent en saluts embarrassés. Le commissaire promène de l'un à l'autre un regard soupçonneux.

LE COMMISSAIRE, sèchement.

Vous désirez Messieurs?

FAUVARDIER.

Rien, monsieur le commissaire, rien. (sur un mouvement du commissaire — Vivement) Ah! pardon.

MAUGINARD.

Je vais vous dire monsieur le commissaire.... Nous sommes huit.

LE COMMISSAIRE.

Huit?

FAUVARDIER.

Oui, nous avons l'air d'être deux.

MAUGINARD.

Mais nous sommes huit.

FAUVARDIER.

Les autres sont là-haut.

MAUGINARD.

Sur le palier..... Nous avons mêlé nos clés.

SCENE SIXIÈME

FAUVARDIER.

Et nous ne nous y reconnaissons plus!

MAUGINARD ET FAUVARDIER, ensemble recommençant les saluts.

Voilà

LE COMMISSAIRE, soudainement.

Et madame Fauvardier? Qu'est devenue Madame Fauvardier?

FAUVARDIER, à part.

Tiens! il a connu ma femme.

MAUGINARD, à part.

Hein?

LE COMMISSAIRE, impérieusement.

Qu'est devenue madame Fauvardier.

FAUVARDIER, après un temps, sombre.

Elle est morte. Monsieur.

LE COMMISSAIRE et JOSEPH, ensemble.

Déjà

FAUVARDIER, et MAUGINARD, ensemble, à part.

Comment ça? déjà.

LE COMMISSAIRE.

Vous êtes certains de ce que vous avancez?

FAUVARDIER.

Parbleu! J'étais là. Lui aussi. Elle est morte étouffée.

MAUGINARD.

C'est vrai.

FAUVARDIER, au public.

Par une angine.

LE COMMISSAIRE.

Et vous n'avez rien fait, rien tenté pour arracher la malheureuse

MAUGINARD.

Mais, monsieur le commissaire.

LE COMMISSAIRE.

Et vous êtes restés là, calmes, impassibles? Quand vous l'avez vue dans les convulsions suprêmes, vous ne vous êtes pas élancés ?

FAUVARDIER.

Elle n'a pas eu de convulsions.

MAUGINARD.

Et puis le médecin nous avait défendu d'approcher

LE COMMISSAIRE.

Le médecin ? Quel médecin?

FAUVARDIER.

Celui entre les mains duquel la pauvre femme,

LE COMMISSAIRE, vivement.

C'était un médecin ! (à Mauginard) Vous êtes bien sûr que c'était un médecin ?

MAUGINARD.

Mon Dieu monsieur le commissaire, aujourd'hui on ne sait plus. Avec l'importation.

FAUVARDIER.

Ta ! ta ! ta !... C'était un médecin et un fameux Je l'ai payé assez cher. Il s'est, du reste, fort bien acquitté de sa tâche ?

LE COMMISSAIRE.

Vous l'avez payé ? vous l'avez payé pour accomplir cette tâche ?

FAUVARDIER.

Sans doute. Est-ce que ce n'est pas toujours le mari qui paie ?

LE COMMISSAIRE.

Quel mari ?

MAUGINARD.

Le mari de la malade.

LE COMMISSAIRE.

Quelle malade ?

FAUVARDIER.

Ma femme.

LE COMMISSAIRE.

Qu'est-ce que votre femme vient faire dans tout ceci.

FAUVARDIER.

Ah ! Ça voyons, monsieur le commissaire, est-ce de madame Fauvardier qu'il s'agit ?

SCÈNE SIXIÈME

LE COMMISSAIRE.

Sans doute.

FAUVARDIER, se désignant.

Et bien ! Le mari de madame Fauvardier.

LE COMMISSAIRE.

Vous ?

MAUGINARD, désignant Fauvardier.

Lui.

LE COMMISSAIRE.

Alors... et l'autre ?

FAUVARDIER.

Quel autre !

LE COMMISSAIRE.

Le médecin ? Ce n'était pas son mari le médecin ?

MAUGINARD et FAUVARDIER, qui regardent avec inquiétude le commissaire et qui échangent un regard d'intelligence.

Hum !

LE COMMISSAIRE.

Mais répondez-donc ?

MAUGINARD, vivement reculant comme s'il flattait une manie.

Non, non, monsieur le commissaire.

FAUVARDIER, même jeu.

Ce n'était pas son mari ?

LE COMMISSAIRE.

Il se faisait passer pour tel. Vous le savez bien ?

MAUGINARD, même jeu.

Oui, monsieur le commissaire.

LE COMMISSAIRE.

Et le plus étrange c'est qu'elle ne le démentait pas. Vous savez cela aussi.

FAUVARDIER, même jeu.

Oui, monsieur le commissaire. (bas à Mauginard.) Il est complètement fou. Passe moi mon bougeoir.

MAUGINARD, qui prend les deux bougeoirs et qui en donne un à Fauvardier.

Tiens !

(Ils remontent ensemble évitant le commissaire.

LE COMMISSAIRE, vivement,

Vous ne sortirez pas! Personne ne sort d'ici sans mon ordre.

MAUGINARD et FAUVARDIER, ensemble tremblant.

Mais....

LE COMMISSAIRE.

Personne ! Et vous moins que tous autres. Vous êtes les complices du crime qui s'est accompli sous vos yeux et que l'un de vous a de son propre aveu largement payé.

MAUGINARD et FAUVARDIER, ensemble même jeu.

Mais.

LE COMMISSAIRE.

Peut-être avez vous aussi trempé dans le meurtre du jardinier et dans celui de l'amoureux correct.

MAUGINARD.

Non ! Non, Monsieur le commissaire, nous n'avons pas trempé dans le jardinier.

FAUVARDIER.

Ni dans le . . .

LE COMMISSAIRE,

C'est ce que je ne tarderai pas à savoir. (bruit au dehors) Qu'est-ce encore ?

JOSEPH, qui a ouvert la porte du fond

Ah !

SCENE SEPTIEME

Les mêmes TAUPINOIS, OCTAVE, VIRGINIE. HÉLÈNE, ELVIRE, MARION.

TAUPINOIS, apercevant Mauginard et Fauvardier

Ah ! les voila.

ELVIRE, avec humeur

Ce n'est pas dommage.

OCTAVE, même jeu

Pour sur que ce n'est pas dommage.

VIRGINIE.

C'est la première fois qu'une Muflardon pose sur un palier.

LE COMMISSAIRE, à part

Muflardon.

SCÈNE SEPTIÈME

HÉLÈNE, avec une moue

J'ai sommeil, moi, monsieur Mauginard.

LE COMMISSAIRE, à part

Mauginard ! Voilà bien les noms qu'a prononcé le... médecin. C'est une bande. Un joli coup de filet.

MARION, qui aperçoit Joseph

Et bien ! mais le voilà le garçon (allant à Joseph). Comment se fait-il qu'il n'y ait pas de numéros à vos clés.

JOSEPH.

Je vous demande bien pardon tenez, là !

MARION.

Ah ! c'est drôle ! (montrant sa clé à Hélène) Voyez donc ! sur la clé même.

TOUS, regardant leur clé respective.

Ah !

HÉLÈNE, qui remonte pour sortir.

Dire que nous pourrions être couchés depuis une heure.

OCTAVE.

Mademoiselle le jour où nous nous marierons...

ELVIRE, vivement impérieuse.

Jeune homme !

TAUPINOIS, à part remontant.

Allons ! Allons ! Elle le repince.

VIRGINIE, à Mauginard remontant.

Ah ! La jolie noce, monsieur, la jolie noce.

LE COMMISSAIRE, au moment où tous les personnages sont arrivés au fond élevant la voix

Un instant ! (Tout le monde fait volte-face.) Au nom de la loi je vous arrête.

TAUPINOIS.

Hein ?

OCTAVE.

Vous dites ?

ELVIRE.

S'il vous plait.

VIRGINIE.

Une Muflardon.

LE COMMISSAIRE.

Silence !

MAUGINARD, timidement.

Je ne voudrais pas vous manquer de respect monsieur le commissaire... du reste, il n'y a pas longtemps que ça vous a pris...

FAUVARDIER, même jeu.

C'est peut-être guérisable

MAUGINARD.

Un peu de repos...

FAUVARDIER.

Une petite douche.

LE COMMISSAIRE, plus fort.

Silence ! (Il se dirige lentement, suivi du regard par tous les personnages, vers la porte du 2ᵉ plan gauche frappant à la porte.) Ouvrez !

MAUGINARD, à Fauvardier.

Qu'est-ce qu'il va nous arriver encore ?

LE COMMISSAIRE, frappant avec violence.

Ouvrez! ou je fais enfoncer la porte. (la porte s'ouvre Yvonne paraît au bras d'Isidore.)

TOUS.

Les mariées !

YVONNE, courant à Mauginard,

Papa !

FAUVARDIER.

Mon fils !

SCÈNE HUITIÈME

Les mêmes, ISIDORE, YVONNE

LE COMMISSAIRE, à Fauvardier.

Vous avez dit ?

FAUVARDIER.

J'ai dit : mon fils ! Je suis son père. Alors j'ai dit mon fils.

LE COMMISSAIRE, désignant Yvonne.

Mais, alors, madame ?

FAUVARDIER.

Ma brue

LE COMMISSAIRE.

Et la femme étouffée.

SCÈNE HUITIÈME

FAUVARDIER,

Ma femme ! L'angine ! (faisant le geste de quelqu'un qui étouffe) Cric !

MAUGINARD.

Madame Fauvardier est morte d'une angine.

LE COMMISSAIRE, à Isidore.

Et bien et vous ? le jardinier, l'amoureux correct.

ISIDORE.

Des déguisements pour amener ma femme à Paris.

LE COMMISSAIRE.

Alors, vous n'avez tué personne ?

ISIDORE.

Moi ! personne.

LE COMMISSAIRE, à Yvonne souriant.

Et madame trouve probablement logique à présent l'envahissement par monsieur de... ?

YVONNE, vivement.

Oui monsieur le commissaire, logique (les yeux baissés.) très logique.

LE COMMISSAIRE.

Mes excuses ! (à Yvonne.) Et mes compliments.

ISIDORE, modeste.

Oh ! monsieur le commissaire.

FAUVARDIER, à Yvonne.

Et bien dites donc ! Et le baiser.

YVONNE.

Je l'avais intercepté. N'est-ce pas Marion.

MARION, vivement.

Madame ne pouvait d'ailleurs, intercepter que celui-là.

ISIDORE, à Fauvardier.

C'est égal papa, vous m'avez donné un joli coup de main en écrivant à Yvonne la lettre de tantôt.

FAUVARDIER.

Oui ? Et bien ! Je t'assure que ce n'est pas ce que je visais.

OCTAVE, à Hélène avec feu.

Mademoiselle ! Ils sont heureux eux !

ELVIRE.

Jeune homme ! C'est par ici qu'il faut dire ça.

VIRGINIE, à Mauginard avec un soupir.

Je ne dis pas que... si j'avais lu l'autre lettre.

MAUGINARD.
Je la referai (à part.) Peut-être.
FAUVARDIER, à Mauginard.
Allons ! c'est entendu ; je t'adopte.
MAUGINARD.
Vrai ? (au public.) Alors je ne la referai pas.
(YVONNE, au public.

AIR :

Messieurs je répète au secours
Mais la cause qu'ici je plaide
N'est plus celle de mes amours
C'est la cause de tous ; à l'aide
Je forme le vœu souriant
Qu'au succès chacun de nous glane
Et s'en aille parodiant
Le dernier refrain de Suzanne
J' crois que ça mord ! Ça mord trop !
Y a tout l' succès qu'il faut
Tant mieux ma foi ! c'est signe
Que nous t'nons bien not' ligne
   A la pêche au bravo
Ça n' mordra jamais trop

RIDEAU

―――

Pour la Partition et l'Orchestration
chez **LE BOULCH et REGNIER**
éditeurs
362, Rue St.-Honoré, 362

ERRATA

Page 25   MAUGINARD

Monsieur et Mademoiselle Taupinois, notre demoiselle d'honneur Mademoiselle Taupinois.

Page 26   ISIDORE.

— ...! C'est deux billets etc...

Page 26   MAUGINARD.

Vous n'êtes pas plus etc.

Page 26   ISIDORE.

C'est entendu, je me dépêche etc.

Page 27   ISIDORE

Il paraît que c'est ce qu'il y a de plus difficile à faire ces têtes là, etc.

Page 27   ISIDORE.

Tenez Anna, la grande Anna ! En voilà une, etc...

Page 29   MAUGINARD, à part).

Bravo.

Page 30   YVONNE

Stérile, monsieur, absolument stérile, (rageuse.) Je ne vous aime pas, je ne vous aime pas..., je ne vous aime pas..., et je ne vous aimerai jamais.

Page 31   ISIDORE

Ah ! elle est bien bonne! Elle est très bonne.

Page 37   YVONNE

.... De toutes les hymnes d'amour.

Page 39   YVONNE.

....., il n'a qu'à se bien tenir, etc.

Page 41   ELVIRE.

Voyez-vous, jeune homme, une mère et toujours une mère... etc.

Page 41   ISIDORE, (qui ébauche un geste).

C'est juste. (Il se ravise) Ah bien non je ne peux pas, etc.

ACTE DEUXIÈME

Page 45   ANGÉLIQUE.

Bien, papa

Page 45   CÉLESTE et ANGÉLIQUE, (ensemble.)

Oui, papa ! etc.

Page 46   CANARDIN.

.... pas, j'aime ça moi !

Page 47   ISIDORE.

nos.... mûres à mettre les robes, etc.

Page 53   ISIDORE, (...... la suscription.)

.... laconique : Ce n'est qu'un acompte. Un canard, etc.

Page 53   MAUGINARD.

Mademoiselle M, plusieurs points (confidentiellement) Mademoiselle Muflardon. Ma fille est mariée, maintenant, j'entre en lice... (lisant la lettre.) Mademoiselle, vous êtes venue, je vous ai vue, vous m'avez vaincu ! Avec une promesse de mariage par la-dessus.... (cachetant la lettre) La promesse de mariage c'est une craque.

Page 58   ISIDORE.

......! Vous mettrez cent francs de plus sur la note, etc.

Page 60   YVONNE

Mon mari ... ? Non ! c'est etc.

Page 62   ISIDORE.

...... ce soir ... si c'est nécessaire, etc

Page 65   YVONNE.

...... ce n'était qu'un rêve et je te fais etc, etc.

Page 66   YVONNE.

Ah ! tu vois.... !

Page 68   HÉLÈNE.

Oh ! Monsieur Isidore.

ISIDORE.

1

Vous cachez à tous les regards,
Un pommier dont le fruit vous tente
Il est à l'abri des hasards
Grâce à votre garde constante
On vous vole, passe ! entre nous
Mais que sur l'arbre on vous précède
Qu'on goûte à la pomme avant vous....
    C'est raide

2

Ma femme est folle du bain froid
J'ai peur de l'eau c'est assez bête
Pourtant maîtrisant mon effroi
Je consens à piquer ma tête
Mais que, pour prix d'un tel effort
D'un jeune homme elle accepte l'aide
Et me plante là, sur le bord
    C'est raide !

Non voyez-vous, ça m'embêterait, etc.

Page 70 VIRGINIE.
Lardon, Monsieur. Mu... flar... don !
Page 71 ISIDORE,
Ah ! c'est une idée qui ne viendrait pas à tout le monde.
Page 76 ISIDORE.
Là tenez ; elle était là !

ISIDORE.
Cent francs de plus pour la note.
Page 79 ISIDORE.
...... faites quelque chose pour moi etc.
Page 81 FAUVARDIER, à Virginie.
Page 83 FAUVARDIER, fredonnant
Page 87 YVONNE.
Pour aller vous rejoindre (mouvement d'Isidore — vivement.) Ne le voulez-vous pas.
Page 88 ISIDORE, vivement.
Si ! Si ! Où vous attendrais-je ?
Page 92 ISIDORE.
Oh ! papa ! ! ! pas ça . . . !

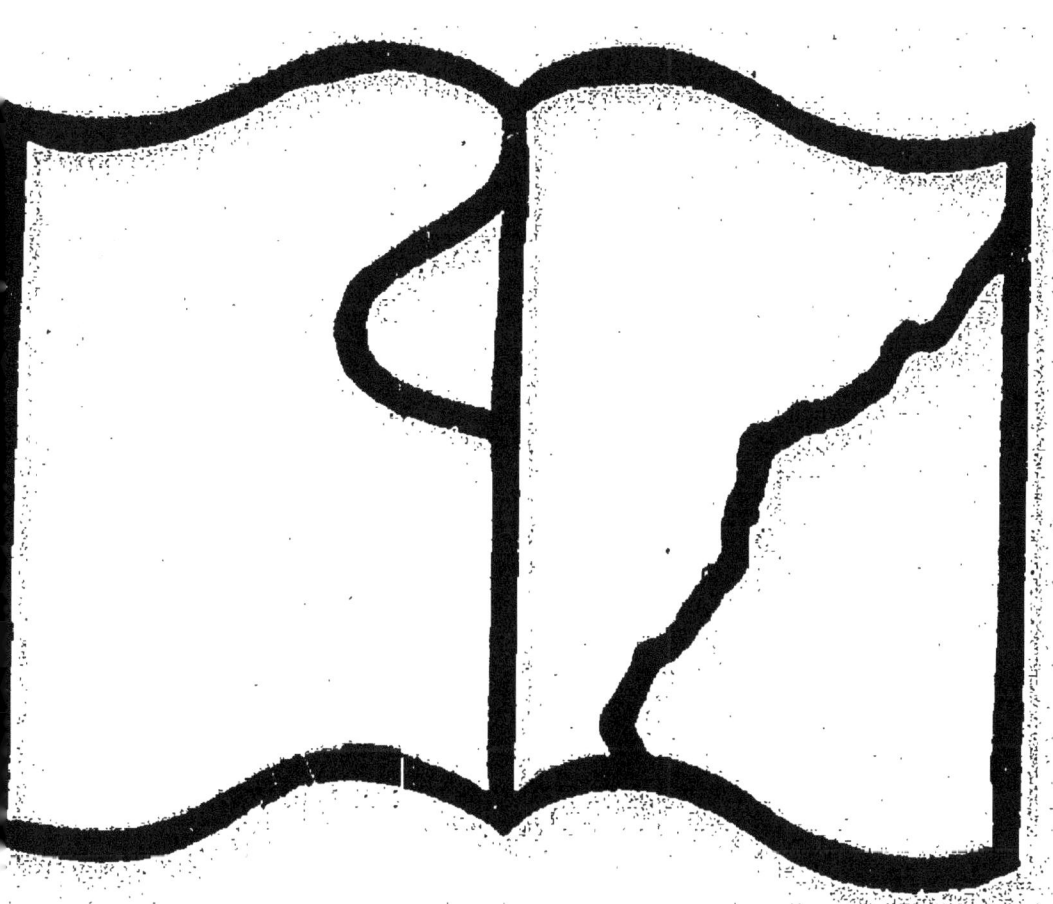

Texte détérioré — reliure défectueuse
NF Z 43-120-11